S 156 272   Yf 11988

THÉÂTRE LYONNAIS

DE GUIGNOL

LYON.—IMPRIMERIE LOUIS PERRIN.

THEATRE
LYONNAIS
DE GUIGNOL

Publié pour la première fois

II° SÉRIE

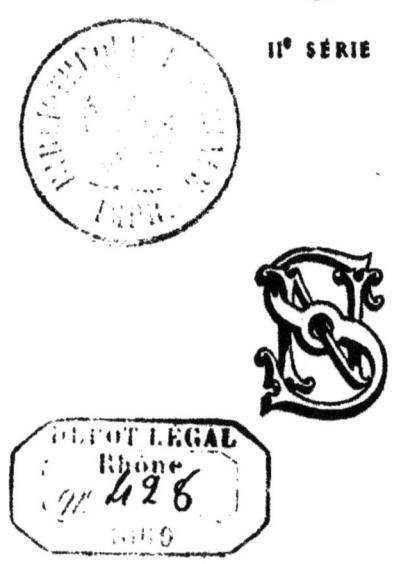

LYON
N. SCHEURING, ÉDITEUR

M DCCC LXX

AU LECTEUR

Cette seconde série du Théâtre Lyonnais de Guignol a été réunie sur le même plan que la première. Elle se compose également de pièces anciennes, jouées par Mourguet, ou ses successeurs immédiats. La même méthode, les mêmes soins, les mêmes réserves ont été apportés à l'établissement des textes.

LE TESTAMENT

PIÈCE EN UN ACTE

PERSONNAGES :

MAD. BOBINARD, *veuve*.
GUIGNOL, *son domestique*.
M. RAYMOND, *rentier*.
UN NOTAIRE.

LE TESTAMENT

PIÈCE EN UN ACTE

Un salon.

SCÈNE PREMIÈRE.

Mme BOBINARD, feule.

'EST vraiment avoir du malheur! Je viens de chez le notaire... mon mari ne m'a abfolument rien laiffé. C'eft une ingratitude fans pareille!... Après avoir paffé ma jeuneffe à le fervir!... après lui avoir donné tous les foins qu'exigeait fa longue maladie!... Il me faut cependant en prendre mon parti... il faut quitter cette maison, presque ce luxe auquel je m'étais si facilement habituée... Ce n'est pas, en vérité, pour moi que je me plains, car je n'ai jamais eu grand goût à tout cela & j'ai de quoi vivre... Mais ma nièce, cette pauvre petite Caroline... j'espérais la doter & la marier avec le fils de ce Raymond, cet avare, notre voisin... Ce serait un charmant mariage pour elle, & je suis sûre que les jeunes gens se plaisent... Mais Raymond n'y consentira jamais si Caroline n'a rien... Ah! je suis désolée!...

SCÈNE II.

Mme BOBINARD, GUIGNOL.

GUIGNOL.

N, i, ni, c'est fini... Faut donc partir? Madame, je viens vous faire mes adieux.

Mme BOBINARD.

Tu pars déjà, mon pauvre Guignol.

GUIGNOL.

Faut ben que je parte puisque vous voulez plus me garder. Je vas faire ma malle... Dites-moi, Madame, où est mon linge qui a été à la dernière lissive?

####### Mᵐᵉ BOBINARD, à part.

Quelle ingratitude! J'ai le cœur déchiré.

####### GUIGNOL.

Qu'avez-vous donc, Madame? Vous me paraissez joliment triste!

####### Mᵐᵉ BOBINARD.

Ce que j'ai, c'est que, malgré mon dévouement, mon mari ne m'a absolument rien laissé... Si j'avais été riche, je t'aurais bien gardé... J'ai regret de renvoyer un serviteur tel que toi.

####### GUIGNOL.

Oh! oui, c'est un ingrat, votre mari... Vous qui avez eu si soin de lui!... Tout le monde, dans le quartier, croit qu'il vous a laissé son bien... Quel homme pénible!... M'en a-t-il fait endurer, dans le temps, quand y fallait l'accompagner le long des Etroits & lui prendre des iragnes (1) pour chiper des goujons... moi qui les crains comme la peste!... Et, depuis qu'il était malade, il était toujours à me dire : Guignol, goûte-moi donc ce bullion;... Guignol, goûte-moi donc cette tisane;... Guignol, goûte-moi donc ces pilules... Une fois il m'en a fait prendre une qui m'a fait courir pendant quinze jours... Et puis, la nuit, il avait toujours peur que je m'endorme... il avait mis une épingle au bout de sa canne,

---

(1) *Iragne*, araignée.

le vieux gredin !... & fi je fermais l'œil, crac, il me lardait !... L'autre nuit, il m'a réveillé en cerceau : j'ai fauté à bas de mon lit, le pot de machin n'était pas à fa place, & j'ai pris un bain de pieds... falé. Ça n'était pas cannant.

Mme BOBINARD.

Mais quel eft le motif qui a pu lui faire oublier tous les foins que je lui ai prodigués ?

GUIGNOL.

Je le fais bien un petit peu.

Mme BOBINARD.

Comment ? tu le fais ! Dis-le-moi vite.

GUIGNOL.

Oui, quand il avait fa fièvre tigrinaque... vous favez bien, quand il battait la générale... il difait... il difait que fa femme ne l'aimait pas... qu'elle l'avait époufé comme un en cas...

Mme BOBINARD.

Il difait cela !... On m'avait calomniée auprès de lui... Il voulait fans doute faire allufion à M. Raymond. C'eft une hiftoire qu'il faut que tu faches : — Toute jeune, je fus demandée en mariage par M. Raymond, notre voifin. ... J'avais peu de fortune, mais je devais hériter d'un de mes oncles qui m'avait élevée. Ma main avait été accordée à Raymond, lorsque mon oncle mourut subitement, & un testament déjà ancien désignait pour héritier l'un de ses neveux. J'étais déshéritée... comme aujourd'hui. M. Raymond, qui n'en voulait qu'à ma fortune, refusa alors de m'épouser, en prétextant la volonté de sa famille. Quelque temps après, M. Bobinard me vit ; je lui plus & il m'épousa. Tu sais le reste. Il ne m'a pas mieux traitée que mon oncle, & cependant il m'avait toujours promis de ne pas m'oublier.

GUIGNOL.

Les promesses, ça coûte rien... Me parlez pas des héritages. C'est comme ma tante... ma tante Dodon... Vous l'avez ben connue ?

Mme BOBINARD.

Moi ? pas du tout.

GUIGNOL.

Vous avez pas connu ma tante ?... Elle demeurait à la Grand'Côte, à côté de Bibatte... Vous avez ben connu Bibatte ?

Mme BOBINARD.

Bibatte ! Je ne me souviens pas.

GUIGNOL.

Bibatte qui faisait tous les déménagements de la Grand'Côte... Il demeurait vers la Cour du soleil, mais il faifait auffi les déménagements à la lune... Il avait trois ânes qui valaient douze francs à eux trois... Il leur donnait pas grand'chofe à manger, mais il les entrepofait dans la Cour du soleil & ils buvaient à discrétion... à la pompe.

Mme BOBINARD.

Qu'est-ce que tu me racontes là ?

GUIGNOL.

C'eft pour en revenir à ma tante... Elle m'avait promis auffi fon héritage. Elle me difait toujours : Mon petit Guignol, tout ce que j'ai c'eft pour toi... Un beau jour je reçois une lettre d'elle, qu'elle était morte à la Grive, près de Bourgoin, où elle demeurait. Vous connaiffez ben la Grive ?... Je prends la carriole pour y aller... Dans ce temps-là y avait pas de chemin de fer pour Bourgoin... On couchait en route... on couchait à la Verpillière... même qui m'est arrivé là des aventures bien drôles... Le conducteur difait toujours : Allons, meffieurs, en voiture, la carriole va partir (1)... Puis elle partait jamais, fa carriole... Je vous raconterai ça une autre fois... J'arrive donc à la Grive. Toutes les

---

(1) Il y a ici une allufion à l'hiftoire comique d'un voyage de Lyon à Bourgoin au temps jadis, hiftoire fort connue dans les ateliers des peintres lyonnais, fous ce titre : *La carriole va partir*. Le premier auteur de ce récit, fouvent revu & augmenté, eft un muficien nommé Verdelet, qui vivait, comme Mourguet, dans les premières années de ce fiècle, & auquel fes narrations en langage canut, plus encore que fon habileté à faire danfer la jeuneffe lyonnaife, avaient valu une véritable célébrité.

voisines de ma tante étaient autour de moi. Une me dit : Cette brave madame Dodon, elle m'avait promis son garde-robe pour l'avoir veillée pendant qu'elle était malade. Je lâche le garde-robe. Une autre dit : Elle m'avait promis sa pétrière pour lui avoir blanchi son linge. Je lâche la pétrière... Enfin y avait six sous d'argent. Quand on a eu payé la mainmorte (1), le boulanger & le reste, y m'a resté 4 bouteilles de vin que ça faisait faire la grimace de le boire, 3 paires de bas qui me montent jusques par-dessus le genou, & 6 chemises qui ont des petites manches comme ça (*il en montre la longueur*) & qui me vont pas du tout... V'là ce que c'est que les héritages.

Mme BOBINARD.

Babillard !

GUIGNOL.

Vous avez ben raison, Madame, mais c'est pour vous défennuyer... J'étais venu vous demander où est mon linge de la dernière lissive ; vous me l'avez pas dit.

Mme BOBINARD.

Tu le trouveras à la salle à manger. Allons, puisque tu pars, voilà 20 fr. d'étrennes en récompense de tes bons services.

(1) Le droit de mutation.

GUIGNOL.

Merci bien, Madame. Allez, ça me fâche bien de vous quitter... Si vous vouliez me garder rien que pour ma nourriture, je resterais... Je mange pas beaucoup.

Mme BOBINARD.

Tu ne manges pas beaucoup, mais tu bois bien. Non, cela m'est tout à fait impossible.

GUIGNOL.

Eh ben, Madame, venez, je vous prie, voir ma malle.

Mme BOBINARD.

A quoi bon? Tu ne veux rien emporter.

GUIGNOL.

Ah! vous savez, quand on part on a tant à faire!... la malle est quéquefois trop grande... y a des distractions si naturelles...

Mme BOBINARD.

Ce serait bien étonnant.

GUIGNOL.

Pas tant que vous croyez. On a les yeux à gauche, n'est-ce pas, & la main à droite. La gauche voit pas ce que la droite fait.

Mᵐᵉ BOBINARD.

Quand on est honnête, ces choses-là n'arrivent guère.

GUIGNOL.

Oh que si! Quand j'étais tout petit gone, j'allais au prunier de ma tante, & pendant que je me tenais à l'arbre de la main droite, j'avalais les prunes de la gauche.

Mᵐᵉ BOBINARD.

Cela ne m'empêche pas d'avoir confiance en toi. Tu peux emporter ta malle sans que je la voie.

GUIGNOL.

Allons, je reviendrai tout de même vous faire mes adieux. (*Il s'éloigne & revient pour dire :*) Mais, Madame, c'est pas possible que vous ayez pas connu ma tante?

Mᵐᵉ BOBINARD.

Non, je ne l'ai pas connue... Babillard, laisse-moi donc.

GUIGNOL, en s'en allant.

Ça m'étonne bien, ma tante Dodon...

SCÈNE III.

M.me BOBINARD, seule.

Pauvre garçon! il m'était fidèle & dévoué. (*On sonne.*) Qui est-ce qui sonne? Qui donc peut encore songer à moi dans mon délaissement?

SCÈNE IV.

M.me BOBINARD, M. RAYMOND.

RAYMOND.

Bonjour, charmante voisine! Comment allez-vous?

M.me BOBINARD.

Vous ici, M. Raymond? Qu'est-ce qui peut me valoir votre visite?

RAYMOND.

J'ai appris la mort de votre mari en revenant de la campagne, & je venais partager vos soucis.

M.me BOBINARD.

Oui, Monsieur, je l'ai perdu... C'est une bien grande douleur pour moi.

RAYMOND.

Oh! il était vieux, cacochyme... d'un caractère insupportable... Vous deviez vous attendre à le perdre d'un instant à l'autre.

Mme BOBINARD.

Monsieur, vous ne m'avez pas encore expliqué votre présence ici. Vous n'y veniez pas du vivant de mon mari.

RAYMOND.

Pour dissiper vos chagrins, je venais m'entretenir avec vous d'anciens souvenirs. Vous n'avez pas oublié sans doute que vous avez été autrefois ma fiancée.

Mme BOBINARD.

(*A part.*) Le perfide! il a encore l'audace de me le rappeler! (*Haut.*) Vous avez bonne mémoire, Monsieur; moi, j'ai cherché à oublier comment vous m'avez délaissée après les promesses que vous aviez faites.

RAYMOND.

Ne m'accusez pas... C'est ma bonne tante qui a contraint ma volonté; elle exigeait que l'épouse de mon choix eût une fortune équivalente à la mienne; elle m'aurait déshérité si je vous avais épousée... Mais je puis tout réparer... Je suis veuf maintenant, je suis libre... Dans dix mois vous le serez aussi... accordez-moi votre main.

M.me BOBINARD.

Vous devriez, Monsieur, sentir l'inconvenance de votre conduite... Tant que vous m'avez cru héritière de mon oncle, vous avez promis de m'épouser ; mais lorsque vous avez su que mon oncle m'avait oubliée dans son testament, vous m'avez délaissée. Vos parents n'y étaient pour rien... & ce n'est qu'après votre trahison que j'ai épousé M. Bobinard... Aujourd'hui je suis riche à mon tour ; j'hérite de toute la fortune de mon mari... (*Mouvement de Raymond*) & je puis me passer de la vôtre.

RAYMOND.

Oh! j'en suis convaincu... Avec tous les mérites que vous possédez, vous ne manquerez pas de prétendants... Mais, moi, j'ai des droits anciens ; accordez-moi votre main, je vous en supplie.

M.me BOBINARD.

Vous êtes bien pressant... Je suis veuve depuis si peu de temps, & je suis fort embarrassée d'affaires de toute espèce.... J'ai besoin d'y réfléchir... Et si vous changiez encore d'avis!...

RAYMOND.

(*A part.*) Tâchons de la lier par un coup de maître. (*Haut.*) Je veux vous montrer toute ma franchise & mon empressement. Je vais promettre par écrit de vous épouser ; nous signerons tous deux un acte suivant lequel celui qui se dédira dans dix mois paiera cinquante mille francs à l'autre. D'ici à cette époque vous aurez tout le temps de réfléchir.

Mme BOBINARD.

(*A part.*) Le fourbe !... mais il sera pris lui-même dans ses piéges. (*Haut.*) J'accepte, à condition que vous me garderez le secret jusqu'à ce moment.

RAYMOND.

Merci, ma belle... Je ferai tout ce que vous voudrez. Je ne connaissais pas le testament de votre mari; ce que vous venez de m'apprendre me comble de joie. Vous méritiez bien cette libéralité... Moi aussi j'ai une belle fortune... Mais je désirerais cependant lire ce testament.

Mme BOBINARD.

Doutez-vous de ma parole ? & serait-ce là le motif qui vous a fait demander ma main ?

RAYMOND.

Oh ! fi donc ! vous n'auriez pas un denier que je mettrais avec bonheur mon cœur & ma fortune à vos pieds. Néanmoins je désirerais le lire... Il peut y avoir certaines clauses... Les collatéraux sont si avides !... C'est dans votre intérêt que je m'en préoccupe. Les femmes ne connaissent pas bien les affaires.

Mme BOBINARD.

Je vous le montrerais volontiers; mais je ne l'ai pas là. Je puis feulement l'envoyer chercher chez le notaire... Si vous reveniez...

RAYMOND.

Certainement je reviendrai... Oh! je ne fuis pas preffé; je le lirai un autre jour... Voulez-vous que je revienne dans une heure & demie, dans une heure?

Mme BOBINARD.

Il faudra bien deux heures... le notaire pourrait être abfent. Au revoir, Monfieur Raymond!

RAYMOND.

Bien, bien!... A bientôt, mon beau dalhia! à bientôt, ma belle rofe mouffeufe! à bientôt, tout ce que j'aime! (*Il fort.*)

SCÈNE V.

Mme BOBINARD, feule.

Je m'explique fa vifite... Il a penfé, comme tout le monde, que je devais être héritière de mon mari, & il eft venu s'en affurer... Il veut m'engager de façon à ce que je ne lui échappe pas... Mais je ne ferai pas fa femme... & il faudra bien qu'il marie fon fils avec ma chère Caroline... J'aurai du plaifir à duper cet avare.

SCÈNE VI.

Mme BOBINARD, GUIGNOL.

GUIGNOL, apportant un havre-fac.

Madame, v'là ma malle faite. Voulez-vous venir voir dedans?

Mme BOBINARD.

Je t'ai déjà dit que cela était inutile.

GUIGNOL.

Voyons, Madame, y a donc pas moyen de me garder rien que pour ma nourriture?

Mme BOBINARD.

Je te répète que cela m'eft impoffible... Mais veux-tu gagner cent francs?

GUIGNOL.

Je penfe bien ; eft-ce que ça fe demande? Qu'eft-ce qu'il faut faire pour ça?

Mme BOBINARD.

Il faut prendre la place de mon mari.

GUIGNOL.

Vous époufer?... Mais je demande rien pour ça ; je fuis tout prêt.

Mme BOBINARD.

Il ne s'agit pas de m'époufer.

GUIGNOL.

Oh! Madame! fi on a vu des rois époufer des bergères...

Mme BOBINARD.

Encore une fois, il ne s'agit pas de cela.

GUIGNOL.

Mais de quoi donc? Eft-ce que vous voulez que j'aille remplacer votre mari dans le royaume des taupes? Efcufez! Je vois ben comment j'irais, mais je vois pas comment votre mari en reviendrait.

Mme BOBINARD.

Tais-toi donc, bavard; tu ne me laiffes pas parler... Il s'agit de tromper M. Raymond, notre voifin.

GUIGNOL.

Ce grippe-fou! Tant que vous voudrez. Je lui en veux depuis qu'un jour il m'a offert une pièce de deux fous pour avoir porté fa malle... deux fous!... Ah! il eft bien connu dans tout le quartier pour fon avarice... c'eft à qui racontera des hiftoires fur fon compte (1).

(1) Guignol raconte ici *ad libitum* quelque trait comique d'avarice.

Mme BOBINARD.

Voici l'affaire.. Tout à l'heure il eſt venu ici. Il me croit héritière de mon mari, & dans cette croyance il m'a demandé ma main... Comme il faut attendre dix mois encore, de peur de manquer un auſſi beau parti, il veut que nous ſignions un acte ſuivant lequel celui qui ſe dédira de ce projet de mariage paiera cinquante mille francs à l'autre... Je voudrais bien lui faire payer ce dédit... mais voilà le difficile!... Il croit que par un teſtament mon mari m'a fait ſon héritière, & il n'y a point de teſtament... Il faut que nous lui en montrions un... Tu vas te mettre au lit; j'irai chercher des témoins & un notaire... Juſtement celui qui eſt là dans cette rue eſt arrivé depuis peu de jours & ne nous connaît pas... Quant aux témoins, nous avons des voiſins qui déteſ-tent Raymond & qui ſeront ravis de m'aider à le duper... Tu feras ton teſtament comme ſi tu étais mon mari, & nous brûlerons cet acte, quand nous aurons accompli notre deſſein.

GUIGNOL.

Oh! s'il ne faut que ça, ce n'eſt pas ben difficile... Je ſuis fort pour faire le malade... Quand j'étais petit, j'étais toujours malade à l'heure d'aller à l'école, & puis le ſoir j'étais guéri.

Mme BOBINARD.

C'eſt entendu : tâche de te tirer de ton rôle avec aplomb.

GUIGNOL.

Soyez tranquille, Madame.

Mᵐᵉ BOBINARD.

Il faut tout préparer pour recevoir le notaire ici... Tu vas y faire ton lit... Je t'expliquerai enfuite ce que tu devras lui dire.

SCÈNE VII.

GUIGNOL, feul

(*Il emporte fa malle en difant :*) Viens, toi qui as fait la campagne de Margnoles.

Puis il fort & rentre à plufieurs reprifes, apportant ce qui lui eft néceffaire pour bâtir un lit qu'il établit fur le bord du théâtre : matelas, traverfin, drap, couverture. En faifant le lit, il fredonne quelque refrain.

Nom d'un rat! j'efpère que j'aurai là un lit bien mollet... Ah! n'oublions pas l'effentiel... Quand on eft malade... (*Il apporte le pot de chambre.*) Allons, c'eft complet!

SCÈNE VIII.

GUIGNOL, Mᵐᵉ BOBINARD.

Mᵐᵉ BOBINARD.

Très bien, Guignol; te voilà parfaitement inftallé...

SCÈNE VIII.

Tout va le mieux du monde... J'ai prévenu le notaire & les témoins... Ils vont être ici à l'inſtant... Dépêche-toi de prendre la poſition d'un malade, & gémis convenablement.

GUIGNOL.

Tout de ſuite. Mais je ſuis bien mal comme ça... Je vais me déshabiller... Madame, voudriez-vous me tirer mes bottes?

Mᵐᵉ BOBINARD.

Ah! par exemple!... Mais cela n'eſt pas néceſſaire. Il faut te coucher tout habillé.

GUIGNOL.

Allons, je m'y mets avec armes & bagages... Mais y me faut ben un bonnet de coton pour reſſembler à un malade?

Mᵐᵉ BOBINARD.

Je vais te donner celui de mon mari.

GUIGNOL.

Si ça me donnait ſa fièvre tigrinaque!... (*Il ſort & revient coiffé du bonnet de coton.*) Nom d'un rat! je vais reſſembler à un mitron avec ça! (*Il ſe couche.*) Bon! v'là une puce qui entre dans mon mollet... Elle a pris ma jambe pour l'omnibus de Sainte-Foy : aïe! aïe!

Mme BOBINARD.

Qu'as-tu donc? Un peu de patience. Tu n'es pas bien mal dans ce lit.

GUIGNOL.

C'est une coquine de puce qui me laboure le mollet... Ah! plaisante pas; si tu mords encore, je m'escanne... Mais, Madame, est-ce que vous allez rien me donner à boire?

Mme BOBINARD.

Non, tu es malade.

GUIGNOL.

Pas pour boire... Je demande pas de mangement, rien que de buvaison. Donnez-moi une bouteille, je la mettrai sous ma couverte.

Mme BOBINARD, lui donnant une bouteille.

Tiens donc ; il faut faire comme tu veux.

GUIGNOL, buvant.

C'est du bon! ça me soutiendra dans mes souffrances... Ah! nom d'un rat! v'là la puce que repique. (*On sonne.*)

Mme BOBINARD.

Laisse-la faire & tiens-toi. On vient... gémis.

Guignol gémit comme un malade.

SCÈNE IX.

LES MÊMES, LE NOTAIRE.

LE NOTAIRE.

Madame, vous m'avez mandé pour un acte de mon ministère ; je me rends à vos ordres.

Mme BOBINARD.

Mon mari désire faire son testament.

LE NOTAIRE.

Fort bien, Madame... Voici sans doute M. Bobinard ; il paraît bien malade.

GUIGNOL.

Aïe, aïe ! oh, là, là !

LE NOTAIRE.

Vous souffrez beaucoup, Monsieur?

GUIGNOL.

Je pense bien... je voudrais vous y voir à ma place. (*A part.*) C'est ma puce.

LE NOTAIRE.

Un peu de patience... Il faut oublier vos douleurs un instant pour songer à vos dernières volontés.

GUIGNOL.

Ah! vous venez pour mon teſtament?... Mais, pauvre vieux, je ſuis pas encore prêt à tourner l'œil.

LE NOTAIRE.

C'eſt bien auſſi mon avis ; mais cela ne fait pas mourir de régler ſes affaires ; au contraire...

GUIGNOL.

* Ah! la coquine! elle monte le long de mes guiboles... Veux-tu finir? ſi tu continues, je prends la poudre d'eſcampette.

LE NOTAIRE.

(*A Mme Bobinard.*) Le délire va le prendre ; hâtons-nous. (*A Guignol.*) Soyez calme ; je n'en ai que pour quelques minutes. Si vous voulez me dicter, je ſuis prêt.

GUIGNOL.

Diqueter!... Comment donc qu'il faut faire pour diqueter?

LE NOTAIRE.

Cela conſiſte à déclarer à haute voix quelles ſont vos intentions... (*A Mme Bobinard.*) Où puis-je me mettre pour écrire, Madame ?

Mme BOBINARD, indiquant une des couliſſes.

Ici, dans ce cabinet, vous trouverez ce qu'il vous faut...

SCENE IX.

Les témoins y font déjà... Vous verrez & vous entendrez le malade.

LE NOTAIRE.

Fort bien, Madame. (*A Guignol.*) Allons, Monsieur, parlez haut; je vous entends.

GUIGNOL.

Oh! s'il ne s'agit que de ça, c'est pas difficile, j'ai un bon coffre.

Le notaire entre dans le cabinet. Mme Bobinard se place près du lit.

Mme BOBINARD, bas à Guignol.

Répète mot à mot ce que je vais te dire.

GUIGNOL, de même.

Oui, Madame... Gredine de puce; elle me mange en détail.

Mme BOBINARD, bas à Guignol qui répète à haute voix chaque mot (1).

Moi... Jean-Matthieu-Fortuné-Félix Bobinard... je donne & lègue... à Jeanne-Julie Birotteau, ma femme, mes deux maisons de la rue Ferrachat... ma ferme de Vénissieux.

GUIGNOL, continuant seul.

A côté du beau lac... avec ses fiacres (2).

---

(1) En répétant ce que lui dicte Mme Bobinard, Guignol estropie les mots & y ajoute, *a gusto*, des réflexions de son cru.

(2) Voir, pour le lac de Vénissieux & les fiacres à bondon, la note p. 215, partie I. *Un dentiste.*

LE NOTAIRE, revenant.

Que dites-vous ? des fiacres ?

GUIGNOL

Oui, les fiacres de ma ferme de Véniffieux... C'eſt des fiacres à bondon.

LE NOTAIRE, retournant dans le cabinet.

Des fiacres à bondon ! Allons, écrivons : Avec ſes fiacres à bondon.

Mᵐᵉ BOBINARD, bas.

Plus, 80,000 francs.

GUIGNOL, haut.

Plus, 60,000 francs.

Mᵐᵉ BOBINARD.

80,000 francs !

GUIGNOL.

Je ſais ce que je dis : 60,000 francs.

Mᵐᵉ BOBINARD, au notaire.

Monſieur, c'eſt 80,000 francs.

LE NOTAIRE, revenant.

Ah ! Madame, je dois ſuivre la volonté du teſtateur. (*A Guignol.*) Voyons, eſt-ce 80 ou 60,000 francs ?

SCENE IX.

GUIGNOL.

60,000 francs.

LE NOTAIRE.

Vous entendez, Madame... J'écris, 60,000 francs.

GUIGNOL.

Ah! je fuis mordu, je fuis mordu. La puce monte toujours.

LE NOTAIRE.

Eft-ce tout?

GUIGNOL.

Non, non. — Plus, je donne à mon bon... à mon brave.. à mon gentil domeftique Guignol, pour les foins qu'il a t-ayu de moi... la fomme de 20,000 francs (1).

LE NOTAIRE.

Ah! voilà les 20,000 francs de différence!

Mme BOBINARD, bas.

Y penfes-tu?

GUIGNOL, de même.

Tiens! puifque c'eft moi que meurs, & encore pour vous être agriable, je peux ben me laiffer quéque chofe

---

(1) Souvenir du *Légataire* de Regnard, acte IV, fcène 6 :   Item, je laiffe & legue à Crifpin...

pour vivre... (*Au notaire.*) Vous avez écrit, M. le notaire ?
Je donne à mon domeſtique Guignol 20,000 francs.

LE NOTAIRE.

Oui, oui.

GUIGNOL.

Ah ! la puce, la puce !... M. le notaire, je voudrais vous dire un mot en particulier.

LE NOTAIRE.

Que me veut-il ? (*Il s'approche & ſe penche vers lui*).

GUIGNOL.

Je voudrais vous faire prendre quéque choſe.

LE NOTAIRE.

Je vous remercie, je ne veux rien prendre.

GUIGNOL.

Si... ſi... ſi c'était un effet de votre part de me prendre une puce qui me larde depuis une demi-heure ; elle voyage à préſent entre le 45ᵉ & le 46ᵉ degré de latitude ſud.

LE NOTAIRE.

Le délire le reprend ; il eſt bien malade ;

SCÈNE IX.

GUIGNOL.

Plus, je donne au notaire mon grand pot de machin pour s'en faire une tabatière... Plus, je lui donne mon bonnet de coton pour se faire des caneçons de laine... Plus, je lui donne mes bottes pour se faire des tuyaux de poêle...

LE NOTAIRE.

Décidément il est bien malade.

Mᵐᵉ BOBINARD, bas.

Mais, Guignol, que tu es bête !

GUIGNOL, de même.

On est ben bête quand on est malade.

LE NOTAIRE, apportant un parchemin.

Il faut signer à présent.

Mᵐᵉ BOBINARD.

Je vais le faire signer... Eloignez-vous un instant... Il est fort agité... Je crains que votre présence le trouble.

LE NOTAIRE.

Je vais auprès des témoins... Je leur ferai signer l'acte, quand il l'aura été par le testateur. (*Il s'éloigne*).

Mᵐᵉ BOBINARD, à Guignol.

Viens vite signer là à côté... je te tiendrai la main.

GUIGNOL.

Finiſſons vite, finiſſons vite! la puce m'a à moitié mangé. (*Il ſe lève & on l'entend dire dans la pièce voiſine*): Il faut écrire mon nom... Matthieu Bobinard... Ça m'a toujours ennuyé d'écrire mon nom... j'ai pourtant été à l'école... mais y a ſi longtemps!... Voyons voir comme ça s'écrit. — c... h... a... ma... p... y... u... thieu... Matthieu... Voilà toujours Matthieu. — b... o... l... t... bo... b... i... s... bi... bobi... n... e... r... s... t... h... nard... Bobinard.

<small>Il vient ſe recoucher & Madame Bobinard porte le teſtament au notaire.</small>

GUIGNOL.

Allons, bon, la v'là qui me ſaute dans l'oreille.

LE NOTAIRE, revenant.

C'eſt bien votre ſignature?

GUIGNOL.

(*Bas.*) Comment le v'là encore! atatends! je vais te faire ſauver... (*Haut.*) Oui, oui, c'eſt mon pataraphe...

<small>Il pouſſe des cris & prononce des mots ſans ſuite.</small>

LE NOTAIRE, effrayé.

Ah! mon Dieu! il devient furieux. Madame, je vais faire ſigner les témoins.

Mᵐᵉ BOBINARD.

Dans quelques jours, je ferai paſſer chez vous pour vos honoraires.

LE NOTAIRE.

Fort bien, Madame; ne vous dérangez pas pour cette bagatelle. (*Il sort.*)

SCÈNE X.

Mme BOBINARD, GUIGNOL.

Guignol défait le lit.

Mme BOBINARD.

Tu perds la tête, Guignol! Dire au notaire toutes les bêtises que tu as débitées, & te donner 20,000 francs encore!

GUIGNOL.

Tiens, vous n'êtes pas contente! Je vous donne les maisons, la campagne, les fiacres, 60,000 francs & je n'en garde que vingt. Ça n'est pas trop cher.

Mme BOBINARD.

Je t'avais promis une récompense; tu n'auras rien.

GUIGNOL.

Hein! dis donc! t'es bien rageuse!

Mme BOBINARD.

Comment! tu te permets de me tutoyer à présent!

GUIGNOL.

Pisque je suis votre mari.

Mme BOBINARD.

Allons, c'est vrai, j'ai tort de t'en vouloir ! Qu'importe ce que tu t'es donné, puisque ce testament n'a rien de sérieux... Avec ton aide j'aurai gagné la partie, & ce vilain Raymond sera joué... Mais que fais-tu donc là ?

GUIGNOL, qui a défait le lit & étalé son drap sur le devant du théâtre.

Hé ! pardine, je cherche ma puce.

Mme BOBINARD.

Tu la trouveras bien, ta puce, en faisant comme tu fais !

GUIGNOL.

Ayez pas peur ! Je la reconnaîtrais entre mille. J'ai son signalement...

En se penchant pour chercher sa puce, il met le feu à son bonnet.

Mme BOBINARD, rêvant.

Oui, quand il aura signé le dédit, il faudra bien qu'il marie son fils avec ma nièce. (*Elle voit le feu au bonnet de Guignol.*) Mais prends donc garde, Guignol, tu es en feu.

GUIGNOL

Le feu ? Dans quel arrondissement ?

Mme BOBINARD.

A ton bonnet, malheureux !

GUIGNOL.

Ma foi, tant pis; il eſt pas à moi; les affaires des autres me regardent pas... Ah! fapriſti, ça commence à me chauffer la tête.

Il plonge le bonnet dans le pot de chambre & fort.

Mme BOBINARD, feule.

Je l'attends; il verra le teſtament &...

GUIGNOL, revenant.

Maintenant, Madame, que c'eſt fini, faut-y partir ?

Mme BOBINARD.

Tiens, voilà les 100 francs que je t'ai promis; je te remercie... Mais, je t'en prie, reſte juſqu'à ce foir. (*Coup de fonnette.*) On fonne. Va ouvrir.

SCÈNE XI.

Mme BOBINARD, RAYMOND.

Guignol paraît dans cette fcène pour écouter, tout en feignant d'époufteter les meubles.

RAYMOND.

Bonjour, charmante voifine !... Je reviens, fuivant ma promeſſe... J'ai vu tout à l'heure fortir de chez vous un monſieur que je ne connais pas du tout.

M.me BOBINARD.

C'est le notaire qui a fait le testament de mon mari & qui est venu m'apporter l'acte.

RAYMOND.

Bien, bien; je venais précisément pour en prendre connaissance.

M.me BOBINARD.

A votre gré, M. Raymond; je vais le chercher.

RAYMOND.

Fort bien! nous allons l'examiner. Ce n'est pas que je me défie... bien au contraire. Mais dans les affaires sérieuses il faut de la prudence; je ne m'en rapporte qu'à moi-même.

M.me BOBINARD.

Tenez, voici l'acte... Lisez.

RAYMOND, lisant.

C'est bien cela; voici la clause qui vous nomme héritière universelle... *Je donne & lègue à Jeanne Julie Birotteau ma femme mes deux maisons... ma ferme de Vénissieux avec les fiacres.* Ah! il y a des fiacres! *Avec les fiacres à bondon.* Quelle singulière idée de spécifier de tels objets! Enfin, c'est fort joli d'être ainsi légataire universelle. Mais que vois-je? *Je donne à mon domestique*

SCENE XII.

Guignol, pour ses bons soins, 20,000 francs. Comment ! vous ne vous êtes pas opposée à ce legs ? C'est une folie.

Mᵐᵉ BOBINARD.

Mais pourquoi donc ? Guignol est un vieux serviteur, & il est bien juste de reconnaître ses services.

RAYMOND.

Ta, ta, ta ; les domestiques nous servent, nous les payons pour cela... Un vieux domestique, on lui donne 3 francs & non pas 20,000. C'est insensé. Laissez-moi faire ; je vous éviterai la peine de payer ce legs... Donnez-moi plein pouvoir, appelez Guignol, & je me charge d'arranger cette affaire.

Mᵐᵉ BOBINARD.

Volontiers. Guignol !

SCÈNE XII.

LES MÊMES, GUIGNOL.

GUIGNOL.

Présent !... Mossieu Raymond, bien le bonjour !...

RAYMOND.

Guignol, je viens de lire le testament de ton maître ;

tu as une belle récompenſe, mais malheureuſement tu ne peux pas toucher ce legs.

GUIGNOL.

Et pourquoi donc?

RAYMOND.

C'eſt que Mme Bobinard s'y oppoſe... Tu auras un procès... C'eſt un legs trop fort pour un domeſtique... Il y a captation... Il peut même y avoir plainte au lieutenant criminel.

GUIGNOL.

Alors que faut-y donc deviendre?

RAYMOND.

Je te conſeille de t'arranger... Tiens, ſi tu veux renoncer à ton legs moyennant 2,000 francs, je te les donne.

GUIGNOL.

Oh! 2,000 francs, c'eſt pas aſſez.

RAYMOND.

Allons, 3,000 francs... & je paie comptant.

GUIGNOL.

Faites voir l'argent... J'accepte, ſi vous aboulez tout de ſuite.

RAYMOND.

Je vais te les chercher. (*A Mme Bobinard.*) Vous voyez, Madame ; ce n'eſt pas plus difficile que ça !... (*A Guignol.*) Je reviens, & tu me ſigneras une renonciation... Allons auſſi de ce pas, ma toute belle, ſigner notre promeſſe de mariage.

<small>Raymond & Mme Bobinard ſortent.</small>

SCÈNE XIII.

GUIGNOL, ſeul.

Hé ben, en v'là un qu'eſt galvaniſé !... Vieux cocombre, va !... Il croit nous attraper tous, & il s'arrache une dent que va joliment le faire crier... Moi auſſi je vais avoir une dot... Qué que je vais en faire ?... Je vas monter un ſervice de bateaux à vapeur pour Saint-Juſt.

SCÈNE XIV.

RAYMOND, GUIGNOL.

RAYMOND.

Allons, tiens, voilà tes 3,000 francs ; ſigne-moi ta renonciation... Voilà toutes mes affaires réglées... Ma belle veuve eſt à moi ; notre dédit eſt ſigné... Si elle ne tient pas ſa parole, elle me paie 50,000 francs. Quelle brillante affaire !

GUIGNOL.

Ah! vous époufez donc Mme Bobinard; je vous fais mon compliment... Mais, dites donc, comment faut-y que je figne fur cette renonciation? Faut-y mettre Matthieu Bobinard?

RAYMOND.

Comment! Bobinard?

GUIGNOL.

Je voulais favoir s'il fallait mettre comme j'ai mis fur le teftament.

RAYMOND.

Que dis-tu là, malheureux? Ce teftament que j'ai vu...

GUIGNOL.

C'eft moi qui l'ai fait... c'eft une frime... La bourgeoife n'a pas le fou de l'héritage de fon mari... Vous avez bu un bullion, pauvre vieux.

RAYMOND.

Ah! fcélérat, tu as commis un faux femblable! Je te ferai pendre.

GUIGNOL, le cognant avec la tête.

Tiens, pends ça, vieux!

SCÈNE XV.
LES MÊMES, M.me BOBINARD.

####### M.me BOBINARD.

Qu'y a-t-il donc? On se bat chez moi!

####### RAYMOND.

Madame, avez-vous signé la promesse?

####### M.me BOBINARD.

Certainement, & j'entends bien m'y tenir.

####### RAYMOND.

Moi, j'entends l'annuler & vous faire poursuivre criminellement... Vous avez fait un faux testament.

####### M.me BOBINARD.

Ce testament n'existe plus, je l'ai brûlé... Il est vrai que je n'ai pas l'héritage de mon mari ; mais j'ai votre promesse.

####### RAYMOND.

Je plaiderai.

####### M.me BOBINARD.

Voyons, M. Raymond, il y a moyen de tout arranger... Vous ne tenez pas à ce mariage, ni moi non plus... Mais il en est un autre que nous pouvons faire... Votre fils aime ma nièce Caroline... marions-les... Vous donnerez à votre fils les 50,000 francs du dédit que j'abandonnerai pour lui, & j'assure à ma nièce toute ma petite fortune.

RAYMOND.

Non, non, je veux plaider.

Mme BOBINARD.

Plaidez, Monsieur, contre votre signature... si vous pouvez... Cela fera un bien joli procès... pour les avocats.

GUIGNOL.

On fera votre potrait à l'audience... Y aura fête dans le quartier ce jour-là... On racontera des bien chenues histoires.

RAYMOND.

Vous dites... votre nièce... Mlle Caroline... Au fait, elle paraît bonne femme de ménage.

Mme BOBINARD.

Faites le bonheur de ces enfans, M. Raymond.

RAYMOND.

Allons, faisons le bonheur de ces enfans... (*A part.*)

puisque je ne peux pas faire autrement... (*A Guignol.*) Et toi, scélérat, tu vas me rendre mes 3,000 francs.

GUIGNOL.

Ça sera mon cadeau de noces. — Madame, je pars, voulez-vous visiter ma malle ?

M.™ BOBINARD.

Non, tu resteras au service des nouveaux époux.

GUIGNOL.

Mossieu Raymond, quand vous voudrez faire votre testament, je m'en charge ; je va-t-en ville.

AU PUBLIC.

AIR : *Restez, restez, troupe jolie.*
J'ai montré ce soir, je l'espère,
Pour tester un bien beau talent.
Aussi, Messieurs, je voudrais faire
Que'que jour votre testament ;
Faites-moi fair' votre testament.
N'ayez peur que dans le partage
Je m'adjuge vos pécuniaux.
Guignol, de tout votre héritage,
Ne veut garder que vos bravos !

Ensemble.

Messieurs, de tout votre héritage,
Nous ne voulons que vos bravos.

FIN DU TESTAMENT.

LE MARCHAND D'AIGUILLES

PIECE EN DEUX ACTES

PERSONNAGES

GUIGNOL, marchand d'aiguilles.
CASSANDRE, épicier retiré.
AMANDA, sa fille.
JULES DURANTIN.
LÉON LENOIR.
UN DOMESTIQUE.

LE
MARCHAND D'AIGUILLES
PIÈCE EN DEUX ACTES

ACTE I.

Un village. — Sur un des côtés, l'entrée d'une maison de campagne.

SCÈNE PREMIÈRE.

GUIGNOL, *portant un petit éventaire, arrive en criant :*

Marchand d'aiguilles! marchand d'aiguilles! Me v'là un joli état!... J'avais un petit fonds de café & de gargote à la Guillotière... L'ouvrage était pas fatigante... Y avait qu'à deboucher de bouteilles & de cruches de bière tout le long du jour... C'était assez cannant!... Mais je sais pas comme j'ai fait... Je consommais autant que les pratiques!... J'ai avalé mon fonds!... On a vendu tout le bazar sur la place, à l'incan :... il m'est resté sept francs dix sous... Je savais plus que faire... J'ai consulté un de mes amis qui connaît l'orthographe : Conseille-moi donc, que je lui ai dit, un état que je puisse pas avaler ma marchandise. — Hé ben! qui m'a dit, mets-toi marchand d'aiguilles dans les rues. J'ai fait comme il m'a dit... & je n'avale plus rien du tout. Ça me donne pas à manger, cet état-là. J'ai acheté pour six francs de marchandise y a trois jours : du depuis, j'en ai vendu pour quatre sous. Aussi mon estomac est creuse... comme mon gousset.

On entend une voix de vieille femme appeler :

Marchand d'aiguilles!

GUIGNOL.

Qué qui appelle?

LA VOIX.

Par ici, marchand d'aiguilles! à droite! au fond de l'allée! au cintième! le nom est sur la porte!...

GUIGNOL.

Elle est bonne tout de même, la vieille, avec son nom sur la porte! Allons, c'est un acheteur! escaladons ses cinq-z-étages... Un moment, Madame, je m'ascensionne. (*Il sort.*)

SCÈNE II.

CASSANDRE, AMANDA.

CASSANDRE.

Mais enfin, Amanda, tu veux donc me désespérer? Le fils de mon ami Fromageot est un charmant garçon; il est spirituel, aimable... Tu le refuses comme tous les autres... Cependant son père est fort riche, & il lui donne trois cent mille francs.

AMANDA.

Oui, M. Fromageot, un ancien épicier!

CASSANDRE.

Certainement, un ancien épicier... comme moi! C'est précisément pour ça que son fils me convient. Je veux te donner un mari de ma condition. Si j'ai fait fortune, c'est avec la cannelle & les clous de girofle.

AMANDA.

Ce n'est pas une raison pour que j'épouse un marchand de chandelles.

CASSANDRE.

Il y a gras dans la chandelle... Elle m'a rapporté d'assez jolis écus.

AMANDA.

Et moi, je vous déclare, mon père, que je n'épouserai qu'un homme titré... un prince, un duc, un marquis... c'eſt tout au plus ſi j'accepte un comte... Je veux être marquiſe, ducheſſe, princeſſe... Je veux vous conduire à la Cour.

CASSANDRE.

A la Cour de Brindas ou de Margnoles?... (1) Songe donc, Amanda, à ce que nous ſommes. J'étais épicier, il y a quelques années; & mon père, ton aïeul, était poêlier dans la grande rue Saint-Georges.

AMANDA.

Mon grand-père était fumiſte de la Cour.

CASSANDRE.

Poêlier! poêlier!... Seulement il avait fait faire un progrès à ſon art... Avant lui on faiſait les poêles à pattes, & lui les a culottés.

AMANDA.

Vous êtes terrible, mon père, avec vos hiſtoires. Mais qu'eſt-ce que cela fait? Quand on a notre fortune, on peut aſpirer à tout.

(1) Villages aux environs de Lyon.

CASSANDRE.

Le beau bonheur de donner nos écus à un Monsieur qui les fera danser, sans se soucier de toi... tandis qu'un bon bourgeois comme nous, qui sait le prix de l'argent, conservera ta dot & t'aimera... & ne rougira pas de son beau-père.

AMANDA.

Mon père, vous m'avez fait élever dans un riche pensionnat à la mode. Toutes mes compagnes étaient des demoiselles nobles, & la plupart déjà sont mariées à de grands personnages. Elles me l'ont bien dit, allez, quand j'ai quitté le couvent : Ma chère Amanda, si tu épousais un homme du commun, un marchand d'indienne ou de quoi que ce soit, nous ne pourrions plus te voir. Comprends-tu que nous fassions arrêter notre équipage devant une boutique d'épicier, pour y faire visite à madame l'épicière, que nous trouverions occupée à peser du poivre ou de la mélasse ? C'est tout à fait impossible. Aussi, chère petite, nous serions vraiment désolées ; mais il faudrait renoncer à nous voir jamais.

CASSANDRE.

Ah ! les pécores !... Vois-tu, plutôt que de te marier à un marquis, j'aimerais mieux te voir épouser un ramoneur.

AMANDA.

Quelle horreur !

CASSANDRE.

Oui, un ramoneur!... Oh! il y a des entrepreneurs de ramonage en grand... Tu entendrais ce cri harmonieux : *Gare là-deſſous!*

AMANDA.

Mon père, rien ne me fera changer d'avis. Ma tante, au ſurplus, me dit bien que j'ai raiſon.

CASSANDRE.

Oui, ma ſœur Eſtelle! Vieille folle! Elle rêvait ſans ceſſe d'un troubadour pinçant de la guitare au pied d'une tour. Ça lui a ſi bien réuſſi, à elle!... Elle diſait comme toi. Elle voulait un prince : il n'en eſt point venu... A préſent qu'elle a cinquante-ſept ans, ſon caractère eſt toujours ſauce aux câpres, & ſi un boulanger, un mitron venait la demander en mariage, elle l'épouſerait.

AMANDA.

Oh! mon père!

CASSANDRE.

Oui, un mitron.

AMANDA.

Mon père, cette converſation me fatigue. Epargnez-moi, je vous en prie ; j'ai mes nerfs aujourd'hui.

CASSANDRE.

Le temps va changer. Rentre, rentre : prends de la fleur d'orange. Je crois qu'il en reste quelques flacons de mon ancien fonds.

AMANDA.

Ah! mes nerfs, mes nerfs!... Je suis horriblement souffrante. (*Elle sort.*)

SCÈNE III.

CASSANDRE, puis JULES.

CASSANDRE, seul.

Allons! je ne pourrai pas lui faire épouser le fils de mon ami Fromageot... En voilà cinq qu'elle refuse cette semaine... Ça ne peut pourtant pas aller toujours comme ça... Il y a déjà quelques années qu'Amanda coiffe sainte Catherine, & ses nerfs deviennent d'une susceptibilité... d'une délicatesse. (*Coup de sonnette.*) Mais on sonne... Quel est ce jeune homme?

JULES, entrant.

Monsieur Cassandre, j'ai bien l'honneur de vous saluer.

CASSANDRE.

Monsieur...

JULES.

Vous ne me reconnaiffez pas.

CASSANDRE.

Je ne fais, mais il me femble...

JULES.

Jules... Jules Durantin, le fils de votre ami, de votre ancien voifin, le papetier.

CASSANDRE.

Oh! dans mes bras, mon garçon, dans mes bras! (*Il l'embraffe.* — *A part.*) Il eft vraiment très-bien ce jeune homme. (*Haut.*) Tu me pardonnes de ne t'avoir pas reconnu tout de fuite; tu as grandi, groffi depuis que je ne t'ai vu.

JULES.

Il y a déjà bien des années de cela, & j'ai fait du chemin depuis. Mais je n'ai pas perdu mon temps. Vous favez que j'étais parti pour l'Amérique après la mort de mon père. J'y ai fait quelque fortune, & je reviens avec deux millions pour m'établir en France.

CASSANDRE.

Bravo, mon garçon!

JULES.

Mais, M. Caffandre, je reviens avec des projets dont

la réalisation dépend de vous. J'ai revu, il y a quelques jours, Mlle Amanda, avec laquelle j'avais joué dans mon enfance. Je serais l'homme le plus heureux du monde, si vous vouliez m'accorder sa main.

CASSANDRE.

(*A part.*) Voilà un gendre qui me convient fort... (*Haut.*) Tope là, mon cher Jules, je te l'accorde. Mais il est un autre consentement qui est moins aisé à obtenir que le mien, c'est celui de ma fille.

JULES.

Si vous voulez bien parler pour moi.

CASSANDRE.

J'aime autant que tu parles toi-même. Amanda est fort difficile... elle a déjà refusé les partis les plus brillants... Mais tu te présentes bien, tu as de l'esprit. Je vais l'appeler.

JULES.

Je ne comptais pas... ainsi... sans préparation.

CASSANDRE.

Bah! les choses improvisées sont celles qui réussissent le mieux. C'est ainsi que j'agissais dans mon commerce : j'achetais d'inspiration & je vendais d'enthousiasme... Amanda! Amanda!

AMANDA, dans la couliffe.

Je viens, mon père.

JULES.

J'avoue que je fuis un peu troublé.

CASSANDRE.

Allons! du courage, fac à papier! Sois galant, fpirituel, tendre & brillant.

SCÈNE IV.

CASSANDRE, JULES, AMANDA.

CASSANDRE, prenant fa fille par la main.

Mon cher Jules, je te préfente la plus belle fleur de mon jardin.

AMANDA, à part.

Pas trop mal pour un ancien épicier.

CASSANDRE, bas, à Amanda.

Tu vois qu'on fait encore fe tirer d'affaire. (*A part.*) J'ai appris cette phrafe-là au théâtre.

JULES, faluant.

Mademoifelle...

CASSANDRE.

Ma fille, je te présente M. Jules, le fils d'un de mes meilleurs amis. (*Bas.*) Il a deux millions!

AMANDA.

Monsieur, les amis de mon père doivent user de sa maison sans cérémonie. (*A part.*) Ce jeune homme est vraiment très-bien. (*Haut.*) Mon père, vous avez retenu sans doute Monsieur à dîner?

CASSANDRE.

Sans doute, sans doute, j'allais le lui dire.

JULES.

Mademoiselle, je suis bien touché d'être aussi gracieusement accueilli dans une maison où je voudrais passer toute ma vie.

CASSANDRE, bas, à Jules.

Bien, mon garçon! Cependant tu es trop froid, trop embarrassé. Un peu de chaleur, saperlotte!... Oh! les jeunes gens d'aujourd'hui sont sans énergie. Quand je faisais la cour à Mme Cassandre, c'était autre chose.

JULES.

Mademoiselle, veuillez excuser ma témérité; mais Monsieur votre père veut que je vous fasse connaître à l'instant même le motif qui m'a amené ici... Je suis venu lui demander votre main.

AMANDA.

Votre demande nous honore beaucoup, Monsieur ; mais vous me permettrez de n'être pas aussi prompte que mon père. Il connaît depuis longtemps vos mérites ; moi...

JULES.

Il me suffit que vous ne me repoussiez pas. J'attendrai, Mademoiselle.

AMANDA.

Aujourd'hui, c'est entendu, vous restez à dîner avec nous. Je vais donner les ordres nécessaires pour qu'on remise votre voiture... Quelles sont vos armoiries, Monsieur ?

CASSANDRE, à part.

Aïe, aïe, aïe ! nous y voilà !

JULES.

Mes armoiries ?

AMANDA.

D'azur à la croix d'argent, ou de gueules à trois besants d'or,... avec une couronne de marquis, sans doute ?

JULES.

Je ne suis pas marquis, Mademoiselle.

AMANDA.

Peut-être duc?

JULES.

Non, Mademoiselle; ni duc, ni marquis, pas même baron.

AMANDA.

Mais vous portez au moins le *de*, Monsieur?

JULES.

Hélas non! Mademoiselle; Jules Durantin tout court. J'ai bien un de mes cousins qui écrit notre nom D, apostrophe, Urantin; mais je n'en suis pas encore là. J'écris comme mon père : Durantin, tout d'un mot.

AMANDA.

Comment, mon père, avez-vous pu autoriser M. Durantin à demander ma main, lorsque vous connaissez ma ferme résolution de n'épouser qu'un homme titré?

CASSANDRE, à demi-voix, à sa fille.

Mais, ma fille, Jules est un charmant garçon... il a deux millions... sa famille est très-honorable... son père avait les plus beaux parchemins...

AMANDA.

Des parchemins?

JULES.

M. Cassandre plaisante, & il a raison... Mon père était papetier.

AMANDA.

Papetier! Quelle ignominie!

JULES.

Je ne croyais pas, Mademoiselle, que votre famille...

AMANDA, vivement.

Notre famille a eu un emploi à la Cour.

CASSANDRE, à demi-voix.

Poêlier du roi!

JULES.

Je vois, Mademoiselle, que je n'ai plus rien à faire ici... Le fils d'un papetier ne peut aspirer à la main d'une personne d'une aussi haute extraction. Un poêlier de la Cour pour aïeul!... Quelle noblesse!... Adieu, Monsieur de Cassandre. Je vous conseille de faire placer vos armes sur la porte de votre château : un bâton de réglisse & un bâton de cannelle en sautoir, avec un poêle enflammé brochant sur le tout... Mademoiselle, je suis votre très-humble serviteur. *(Il sort.)*

CASSANDRE.

Encore un de congédié!... & il se moque de moi, par-dessus le marché!... Voilà ce que tu me vaux avec tes manies!

AMANDA.

Oh! mon père, vous me rendrez tout à fait malade. J'ai les nerfs dans un état épouvantable!... Mais aussi, à quoi pensez-vous de me présenter un M. Durantin? (*Elle sort.*)

SCÈNE V.
CASSANDRE, puis LÉON.

CASSANDRE, seul.

Jules s'est retiré trop tôt... Les jeunes gens d'aujourd'hui n'ont point de persévérance... Quand j'ai épousé Mme Cassandre, elle m'avait refusé quatre fois. A la cinquième, j'ai triomphé. Les grandes passions triomphent toujours... Aujourd'hui, tout dégénère. (*Coup de sonnette.*) On sonne encore! Un autre jeune homme!

LÉON.

M. Cassandre, je suis bien votre serviteur.

CASSANDRE.

Monsieur...

LÉON.

Vous ne me reconnaiſſez pas?

CASSANDRE.

Non, Monſieur, je l'avoue; cependant...

LÉON.

Léon... Léon Lenoir; le fils de votre ancien voiſin de la rue Saint-Georges.

CASSANDRE.

Oh! dans mes bras, mon garçon, dans mes bras! (*Ils s'embraſſent.*) Ton père était marchand de charbon... un de mes plus vieux amis; je l'ai bien regretté.

LÉON.

Vous m'avez fait danſer ſur vos genoux.

CASSANDRE.

Oui, oui. M'en as-tu mangé de ma mélaſſe?

LÉON.

Je crois la manger encore.

CASSANDRE.

Et mes pruneaux!... Tu as bien changé... tu as des mouſtaches... ton père n'en portait pas.

LÉON.

Vous, vous êtes toujours le même; pas un cheveu blanc.

CASSANDRE, embarraffé.

Oui, oui.

LÉON.

Mais il me femble que vos cheveux étaient blonds.

CASSANDRE.

Oui, oui; on voit des gens dont les cheveux ont blanchi en une nuit.

LÉON.

Les vôtres font devenus noirs.

CASSANDRE.

Ne parlons plus de cela... Et il me paraît que tu as réuffi...

LÉON.

Oui, M. Caffandre... Vous vous fouvenez peut-être de mon départ pour les Grandes-Indes avec mon oncle... J'y ai fait le commerce fous fa direction, je lui ai fuccédé, & j'ai maintenant une fortune affez ronde.

CASSANDRE.

(*A part.*) Voilà encore un gendre qui me conviendrait bien. (*Haut.*) Et reviens-tu maintenant au milieu de nous?

LÉON.

Oui, Monfieur. J'ai affez des Indiens, des éléphants & des tigres du Bengale. Je viens manger en France les revenus de mes quatre millions.

CASSANDRE, à part.

Il a quatre millions!

LÉON.

De plus, je veux me marier...

CASSANDRE.

Eft-ce que je connais la perfonne que tu veux époufer? Défires-tu que j'aille parler de toi à fes parents?

LÉON.

Mon bonheur dépend de vous.

CASSANDRE.

Comment l'entends-tu?

LÉON.

Les anciennes relations de nos deux familles m'ont enhardi à venir vous demander la main de Mlle Amanda, dont j'ai entendu vanter partout la beauté, l'esprit & le caractère.

CASSANDRE.

Comment ! c'est ma fille que tu veux épouser & tu as mis tant de façons à me le dire !... Mon garçon, je ne vais pas par quatre chemins. Tu me conviens & j'ai aimé ton père comme mon propre frère. Je vais te présenter à ma fille. Si tu lui plais, si elle t'agrée, c'est une affaire conclue... Mais, je t'en préviens, elle est difficile... elle a des idées saugrenues de noblesse, de titres... Sois aimable, le sort de ta demande est entre tes mains.

LÉON.

Ma foi, Monsieur, vous le savez, je ne suis pas plus noble que vous.

CASSANDRE.

Nous l'éblouirons en lui parlant des Grandes-Indes. Sois aimable seulement.

LÉON.

La vivacité du désir que j'ai de devenir votre gendre m'inspirera mieux que mon mérite.

CASSANDRE.

La voici ! De l'aplomb & de l'amabilité !

SCÈNE VI.

CASSANDRE, LÉON, AMANDA.

AMANDA, entrant.

Mon père!... Ah!...

CASSANDRE.

Ma fille, je te préfente mon ami Léon qui revient des Grandes-Indes... le pays des diamants, des châles de cachemire, des dents d'éléphant & des tigres du Bengale.

LÉON, faluant.

Mademoifelle...

CASSANDRE.

Mon cher Léon, je te préfente la plus belle fleur de mon jardin.

AMANDA, à part.

Papa fe répète un peu... Mais ceci m'annonce un nouveau prétendant... Si c'eft encore un roturier, je le traite de la belle façon...

CASSANDRE.

Léon, qui nous connaît depuis longtemps, a paffé

les mers exprès pour venir me demander ta main. (*Bas, à sa fille.*) Il a quatre millions.

LÉON.

Mademoiselle, tout ce que j'ai appris de vous m'avait déjà déterminé à faire cette demande. Aujourd'hui que je vous ai vue, je ferais au désespoir, si elle était repoussée.

CASSANDRE, bas, à Léon.

Pas mal... Continue.

LÉON.

Monsieur votre père a bien voulu me permettre de lui en parler. J'attends de vous la même grâce.

CASSANDRE, de même.

Bien, mais pas assez de feu.

AMANDA.

Votre famille, Monsieur, est sans doute encore aux Grandes-Indes?

LÉON.

Non, Mademoiselle, je suis français... ma famille habitait cette ville.

AMANDA.

Quelle était sa condition?

CASSANDRE, vivement.

Son père avait une mine.

AMANDA.

Une mine de diamants ?

LÉON, riant.

Non, non ; une mine de charbon.

AMANDA.

Ah !... Mon père ne m'a pas encore dit votre nom, Monsieur.

LÉON.

Léon Lenoir.

AMANDA.

Comte ?... marquis ?... duc ?...

LÉON.

Je voudrais être roi, Mademoiselle, pour mettre à vos pieds ma couronne...; mais je ne suis rien que le fils d'un riche marchand, qui ai augmenté mon bien par mon travail.

AMANDA.

Monsieur, je suis désolée que mon père vous ait fait faire une démarche inconsidérée. Je ne m'appellerai jamais

Mᵐᵉ Lenoir, & je ne compterai pas un marchand de charbons parmi mes aïeux.

LÉON.

Mademoiselle, si mon père vendait du charbon, M. Cassandre vendait des cottrets.... des picarlats comme nous disions en bon lyonnais; & ce sont là deux genres de noblesse qui se ressemblent.

AMANDA.

Mon père, ces scènes-là me sont très-pénibles, & je vous ai prié de me les épargner. (*Riant avec affectation.*) Ah! ah! ah! Mᵐᵉ Lenoir! Quel beau nom pour être annoncée dans un salon! (*Avec colère.*) Quand on s'appelle Lenoir & qu'on a vendu du charbon, avoir l'audace de demander ma main! Vraiment, j'en suis suffoquée!

CASSANDRE.

Amanda, modère-toi.

AMANDA.

Ah! ah! ah! je me trouve mal... Mon père, emmenez-moi, je vous prie.

CASSANDRE.

Allons, bon! en voilà d'un autre. (*A Léon.*) Léon, ne te décourage pas; reviens un autre jour, nous réussirons.

LÉON, en colère.

Vous voulez rire, M. Caſſandre; cette réception me ſuffit... Votre fille eſt une trop grande dame pour moi... Quant à vous, vous êtes un vieux cruſtacé.

CASSANDRE.

Un cruſtacé! Qu'eſt-ce que c'eſt que ça?

LÉON.

C'eſt un titre de nobleſſe aux Grandes-Indes.

AMANDA.

Mon père, emmenez-moi, emmenez-moi!... Ah! ah! ah! (*Ils ſortent*).

SCÈNE VII.

LEON, puis JULES.

LÉON, ſeul.

Quel aimable caractère! & que j'aurais de plaiſir à donner une leçon à cette petite pimbêche!

JULES, arrivant.

Comment! Léon ici!... Tu as la mine bien longue, mon cher. (*Riant.*) Ah! ah! ah! je vois ce qui t'arrive.

Jeune papillon, tu es venu brûler tes ailes au feu des yeux de la belle & fière Amanda... Tu n'es pas duc, tu as été éconduit.

LÉON.

Tu connais bien le pays, mon cher... Aurais-tu subi même infortune ?

JULES.

Oui, oui... comme toi refusé, & moqué !

LÉON.

Et bafoué !

JULES.

Et vilipendé !

LÉON.

Par la fille d'un marchand de chandelles !

JULES.

La petite-fille d'un fumiste !

LÉON.

Première noblesse de la grande rue Saint-Georges !

JULES.

Noblesse gagnée au feu !

LÉON.

Et il n'y a pas de feu fans fumifte !

TOUS DEUX riant :

Ah! ah! ah!

LÉON.

Eh bien! tu ne te décourages pas, puifque tu reviens.

JULES.

J'ai à parler au père Caffandre d'une tout autre affaire... Puis je fuis bien aife de lui dire encore une fois ce que je penfe de fa fille.

LÉON.

Moi, je fuis furieux; & fi je pouvais me venger de l'impertinence de cette péronnelle...

On entend GUIGNOL crier :

Marchand d'aiguilles! Marchand d'aiguilles!

JULES.

Tais-toi ; je crois que je tiens notre vengeance.

LÉON.

Comment cela ?

JULES.

Laiffe-moi faire & dis comme moi.

Ils fe retirent au fond du théâtre & caufent à voix baffe.

SCÈNE VIII.

GUIGNOL, JULES, LEON.

GUIGNOL.

La vieille m'a gardé plus de deux heures. Elle m'a fait défaire tous mes paquets... & puis elle m'a acheté pour six liards... Ah! c'est pas un état, ça! (*Criant:*) Marchand d'aiguilles! Qué qui veut des aiguilles par ici?...

JULES, s'avançant.

Je ne me trompe pas, c'est bien lui. (*Il salue.*)

LÉON, de même.

C'est lui, à n'en pas douter!... Quelle ressemblance! (*Il salue.*)

GUIGNOL.

Qué qu'ils ont donc, ces particuliers, à me dévisager comme ça? (*Léon & Jules saluent encore.*) En v'là de salutances! (*Il salue aussi.*) Faut pas être malhonnête.

JULES.

Prince!

LÉON.

Altesse!

GUIGNOL.

A qui donc qu'il parle, çui-là !

JULES.

A vous, grand prince. Il n'eſt plus temps de feindre. Quittez ce déguiſement ſous lequel ſe cache votre Grandeur. A ce port majeſtueux, au feu qui brille dans vos yeux, à ce nez d'aigle, nous ne pouvons vous méconnaître.

GUIGNOL, à part.

C'eſt des farceurs qui veulent me faire poſer. (*Haut.*) Voyons, pour qui me prenez-vous ?

LÉON.

Pour un des plus grands princes de la terre, le fils du roi du Monomotapa.

GUIGNOL.

Du moineau ?

LÉON.

Du Monomotapa ; un ſouverain qui règne ſur des peuples innombrables & ſur d'immenſes tréſors.

GUIGNOL.

Mais mon père était canut... aux Pierres-Plantées.

JULES.

Vous n'êtes pas né à Lyon. Enlevé par des corſaires dès l'âge le plus tendre, par ſuite des machinations du premier vizir Abazi-Bazou-Ababout, qui voulait mettre ſon fils à votre place, vous avez été tranſporté dans cette ville & recueilli par d'honnêtes ouvriers qui ont pris ſoin de votre enfance. Mais votre père, le roi du Monomotapa, a découvert la fraude de l'infâme Abazi-Bazou-Ababout. Il a fait juſtice de ce miſérable & vous a fait chercher partout. Il y a quatre ans que nous parcourons le monde entier à votre recherche. Nous vous reconnaiſſons à votre reſſemblance avec votre auguſte père, qui vous attend pour partager avec vous ſes richeſſes.

GUIGNOL.

Ses richeſſes ! Il a donc bien des eſpinchaux (1), ce père-là ?

JULES.

Immenſément.

GUIGNOL.

Nom d'un rat ! C'eſt aſſez cannant, un papa comme ça...

LÉON.

Venez, prince, votre peuple vous appelle à régner.

---

(1) *Des eſpinchaux ;* de l'argent. p. 331, & *Le Duel*, p. 149. Voir partie Ire. *Le Déménagement,*

GUIGNOL.

Je ne fis pas une araignée.

LÉON.

A régner fur lui.

GUIGNOL.

Mais, vous autres, qui êtes-vous donc?

JULES.

Prince, je fuis votre premier chambellan.

GUIGNOL.

Ah! c'eft toi que bêles. Et toi?

LÉON.

Je fuis le miniftre des finances de votre royaume.

GUIGNOL.

Ah! c'eft toi que finances... Fais donc voir tes médailles.

LÉON, lui donnant de l'argent.

Voilà tout ce que nous avons fur nous. Mais daignez venir avec nous, & nous mettrons notre caffette à votre difpofition.

GUIGNOL, à part.

C'eft pas des farceurs! V'là bien de la vraie argent!

(*Haut.*) Allons! c'est entendu! bonsoir les aiguilles! (*Il jette au loin son éventaire.*) Vous avez raison, Messieurs... Je commence à croire que je suis bien le prince du Mo...

JULES.

Du Monomotapa.

GUIGNOL.

Du Mornotopapa... Allons trouver l'auteur de mes jours & son magot.

JULES.

Venez, prince, venez prendre des habits plus convenables à votre rang.

GUIGNOL.

Je peux pas changer... je sis comme l'escargot, je porte tout mon bien sur le dos.

JULES.

Nous avons apporté votre garde-robe. Nous ferons ensuite les préparatifs de votre départ.

GUIGNOL.

Ça me bouliverse tout de même... Donnez-moi donc votre bras : les jambes me flageolent... Avec ça que je n'ai pas déjeuné bien solidement.

LÉON.

Venez, prince ; nous allons vous faire fervir un repas fomptueux.

GUIGNOL.

Un repas fomptueux !... Décidément, c'eft pas des farceurs !... Marchons !...

LÉON.

Paſſez, Monfeigneur, nous vous fuivrons.

GUIGNOL.

Allons donc, ganache, donne-moi le bras ; je fis pas fier... Allons boire un coup à la fanté du roi du Mornotopapa.

ACTE II

—

Un salon

—

SCÈNE PREMIÈRE.

CASSANDRE, seul.

Sac à papier! la tête me pète!... Amanda est d'une humeur!... Il a fallu employer deux bouteilles d'eau de fleurs d'oranger & trois flacons de vinaigre des quatre voleurs pour la faire revenir... Elle a cassé deux vases de porcelaine... & maintenant elle s'en est prise à son piano... Ah! voilà un instrument qui en voit des croches & des doubles-croches pour le quart-d'heure!... Il faudra décidément que je lui cherche un comte ou un marquis pour le lui faire épouser... Mais il ne s'en est point encore présenté.

SCÈNE II.

CASSANDRE, un DOMESTIQUE.

LE DOMESTIQUE.

Monsieur, il y a là deux Turcs qui demandent à vous parler.

CASSANDRE.

Des Turcs!... Ah! je fais ce que c'eſt... des marchands de dattes... Dis-leur que j'ai quitté les affaires.

LE DOMESTIQUE.

Monſieur, ils diſent qu'ils viennent de la part d'un prince.

CASSANDRE.

D'un prince! Qu'eſt-ce que cela ſignifie?

LE DOMESTIQUE.

Monſieur, ils ſont très-bien mis : ils ont un ſoleil dans le dos & une lune ſur la tête.

CASSANDRE.

Allons! fais-les entrer.

SCÈNE III.

CASSANDRE, LÉON & JULES, *habillés à l'orientale.*

JULES.

Recevez, Monſieur, les hommages de vos humbles eſclaves.

CASSANDRE.

Jules & Léon!... Que signifient ces déguisements?

LÉON.

Ce n'est point un déguisement; c'est le costume de notre pays & de la cour de notre souverain. Nous vous avons trompé ce matin : nous appartenons l'un & l'autre à la cour du roi du Monomotapa. Le roi notre maître, ayant entendu parler de la merveilleuse beauté de votre fille, nous avait envoyés en ces lieux pour la voir. Il veut en faire la femme de son fils, de l'héritier présomptif de sa couronne, un prince accompli que le monde entier a surnommé la lumière de l'Orient...

CASSANDRE.

Ce n'est pas possible!... Le fils du roi du Mo...to...

LÉON, très-vite.

Du Monomotapa.

JULES.

Il était venu lui-même dans ce pays... pour prendre les eaux de Charbonnières. Il a vu votre fille, il a été saisi d'admiration, & il m'a dit : Va, cherche cette jeune beauté; interroge son père; dis-moi si, par son éducation, elle est digne de devenir ma compagne.

CASSANDRE.

Vous n'avez point gardé quelque rancune de ce qui s'eſt paſſé ce matin?

LÉON.

Point du tout. Cette noble fierté, cette grandeur de ſentiments conviennent à celle qui doit être une puiſſante reine; & notre maître a bondi de joie, quand nous lui avons rapporté les paroles de ſa fiancée. Il va venir lui-même, tout à l'heure, vous demander la main de Mlle Amanda.

CASSANDRE.

Sac à papier! mais j'en perds la tête moi-même. Beau-père du roi du... Moinococola!... Je voudrais bien pourtant prendre quelques renſeignements... c'eſt l'uſage...

LÉON.

Des renſeignements ſur un prince! Vous plaiſantez... D'ailleurs, nous ſommes là, vous nous connaiſſez.

JULES.

Le roi du Monomotapa eſt connu dans le monde entier.

CASSANDRE.

Oui, oui... Mais redites-moi donc ce nom-là... J'ai de la peine à le retenir : Mo...cro...

SCÈNE III.

JULES & LÉON difent enfemble
& **CASSANDRE** répète après eux, fyllabe par fyllabe :

Mo...no...mo...ta...pa.

CASSANDRE, feul.

Monotutapa.

LÉON.

Le prince veut vous attacher à fa cour... il vous nomme grand Cruftacé du palais.

CASSANDRE.

Ah! oui, oui, Cruftacé; je connais ça : tu m'en as parlé ce matin. Quel honneur !

JULES.

Le prince peut-il fe préfenter ?

CASSANDRE.

Certainement... Qu'il fe préfente. (*A part.*) J'efpère qu'il conviendra à Amanda, celui-là... (*Haut.*) Je vais prévenir ma fille.

LÉON.

Nous ferons ici dans un inftant avec le prince, qui va fe faire précéder par des préfents magnifiques, des diamants, des cachemires de l'Inde & des perles de Vifapour.

Jules & Léon fortent.

SCÈNE IV.

CASSANDRE, puis AMANDA.

CASSANDRE, appelant.

Ma fille!... Amanda!... Amanda!... Ma fille!

AMANDA, entrant.

Que me voulez-vous, mon père?... S'agit-il encore d'un de vos prétendants?

CASSANDRE.

Oui; mais c'est un prétendant que tu ne refuseras pas. Ce n'est pas un papetier, ni un marchand de charbons. Un prince, un prince accompli... la bougie, la chandelle de l'orient... le fils du roi du Monotutapa.

AMANDA.

Oh! mon père, je me soutiens à peine... Je vous l'avais bien dit qu'il s'en présenterait un digne de nous.

CASSANDRE.

J'ai vu ses ambassadeurs... Il me nomme grand Crustacé... Il va être ici dans un instant.

AMANDA.

Dans un inſtant!... Ciel! je n'ai pas le temps de m'évanouir!

CASSANDRE.

La corbeille va arriver; elle eſt ſplendide... Des kilogrammes de diamants, des montagnes de cachemires & des perles de Viſaufour.

AMANDA.

Et ma toilette qui eſt en déſordre! Je n'aurai jamais le temps de me vêtir convenablement.

CASSANDRE.

Va vite, car j'entends la muſique. Voilà le cortége qui entre dans le jardin. (*Ils ſortent.*)

SCÈNE V.

Cortége du Prince : Eſclaves, ſoldats, nègres portant la corbeille.— Muſique.

JULES & LÉON,
GUIGNOL *dans un coſtume oriental burleſque,*
puis CASSANDRE et AMANDA.

GUIGNOL.

Nom d'un rat! ils m'ont ficelé comme une andouille! Je reſſemble au bœuf gras, à préſent... Eh bien! eſt-ce qu'y a perſonne dans cette caſſine? Où eſt cette jeune beauté & cette reſpectable ganache de père Caſſandre?

Caſſandre & Amanda entrent.

JULES.

Voici M. de Caſſandre & ſa fille. (*A Guignol.*) Allons, prince, votre compliment.

GUIGNOL.

(*A part.*) Nom d'un rat! pourvu que l'aie pas oublié!... En tout cas, j'y mettrai du mien. (*Il fait un grand ſalut ridicule à Amanda.*) — Aſtre radieux de l'Occident, le feu de vos beaux yeux, plus brûlant que les pâles rayons du ſoleil, eſt venu me larder juſque ſur les côtes du Mornotopapa, où j'ai ma demeurance dans un palais tout pavé de diamants... Je mets à vos pieds ces préſents, indignes de vous... quoiqu'il n'y ait pas par ici un particulier qui ſoit fichu pour vous en faire voir d'auſſi chenus que ça. C'eſt pourtant que de la gnognotte, que des équevilles(1), en comparaiſon de tous les bibelots que vous verrez chez moi & chez mon papa, qui eſt un vieux, brodé ſur toutes les coutures... Si vous daignez, ſublime colombe, m'accorder votre main, vous en paſſerez des jours tramés d'or & de ſoie; & la banquette de votre exiſtence ſera un trône de félicité... avec lequel j'ai l'honneur d'être votre enflammé futur. (*A Jules.*) Il me ſemble que ça va pas mal.

---

(1) *Equevilles :* balayures.

JULES.

Admirable! sublime!

AMANDA.

Que d'esprit! que de majesté!... Prince, je ne sais comment exprimer mon bonheur.

CASSANDRE.

Permettez, sire, que je me jette à vos pieds.

GUIGNOL.

Relève-toi, j'ai des agacins (1)... Papa, nous allons signer le contrat & boire une bouteille de vieux madère... Nous en faisons au Mornotopapa.

CASSANDRE.

Il paraît que c'est comme en France... Mais, sire, je n'ai point averti de notaire.

LÉON.

Nous avons ici nos imans, qui sont les notaires du Monomotapa. Ils ont dressé le contrat; on peut le signer tout de suite dans la pièce voisine.

GUIGNOL.

Signons, signons.

(1) Des cors.

CASSANDRE.

Amànda, qu'en penses-tu?

AMANDA.

Signons, mon père.

GUIGNOL.

Vous me convenez, papa Cassandre; je vous emmène chez mes Mornototapains.

CASSANDRE.

Votre Altesse est bien bonne... Elle m'a déjà fait l'honneur de me nommer grand Crustacé.

GUIGNOL.

Oui, oui, Cruche cassée... vous en avez la capacité, papa.

CASSANDRE.

Il est charmant, le prince... il a le mot pour rire.

GUIGNOL, à Amanda.

Sublime colombe, veuillez accepter mon aile. (*Il lui présente son bras.*)
Ils passent dans la pièce voisine pour signer.

GUIGNOL, dans la coulisse.

A vous, belle Amanda... A moi, à présent... Malek-

Adel-Kara-Baraffou, prince du Mornotopapa... Je ne fuis pas bien fort fur l'écriture.

CASSANDRE, de même.

Comment, prince!...

GUIGNOL, de même.

Eft-ce que je me fuis amufé à ces puérilités?... Pour aller plus vite, je m'en vais faire ma croix.

CASSANDRE, de même.

Vous la faites bien grande.

GUIGNOL, de même.

Les princes font tout en grand.

CASSANDRE, de même.

Et moi, voilà ma fignature : Benoît Caffandre.

GUIGNOL, de même.

Ajoutez : Cruche caffée de la cour. *(Ils rentrent.)*

GUIGNOL.

Papa Caffandre, nous allons paffer à préfent dans la falle à manger, pour nous mettre quelque chofe fous le nez... Il n'y a pas de bonne noce fans un fricot... Marchons, Meffieurs les ambaffadeurs!

LÉON.

Notre miffion eft finie... Vous êtes uni, grand prince, à la belle Amanda... Heureux époux, voguez à préfent vers votre empire... Bon voyage! (*Léon & Jules s'éloignent.*)

CASSANDRE les retenant.

Quel eft ce langage?

JULES.

Reftez avec votre illuftre gendre, M. le grand Cruftacé.

CASSANDRE.

Mon gendre! mon gendre!

LÉON.

Il eft digne de votre illuftre famille... Voyez plutôt: Mlle de Caffandre a époufé Guignol, le marchand d'aiguilles. (*Il enlève la coiffure de Guignol.*)

CASSANDRE.

Sac à papier! ils fe font encore moqués de moi.

AMANDA.

Je fuis jouée. (*Elle s'évanouit.*)

SCENE V.

GUIGNOL.

Ah! nom d'un rat! je me trouve mal auſſi. (*Il tombe ſur la bande.*) Donnez-moi un peu d'eau d'arquebuſe.

AMANDA, ſe relevant.

Quel ſort affreux! Etre unie à un être pareil!

GUIGNOL, ſe relevant auſſi.

Soyez tranquille, Mamzelle... Vous voyez ben que Guignol n'eſt pas un turc... Ces particuliers qui nous ont mariés ſont des farceurs... Je vais mettre le contrat en morceaux, & j'en ferai des petits paquets pour plier mes aiguilles... Pourvu que je retrouve mon panier!...

CASSANDRE.

Tu es un bon garçon; je ne veux pas que tu nous quittes... Je te garde pour concierge de ma maiſon de campagne. Tu vendras tout de même tes aiguilles.

AMANDA.

Quelle leçon!

CASSANDRE.

Pourvu qu'elle ſoit bonne!... Allons, demain je lui préſenterai le fils de mon ami Fromageot.

GUIGNOL.

Un defcendant de la famille de Mont-d'Or ou de Rougeret (1).

AU PUBLIC.

Meſſieurs, ma boîte aux aiguilles eſt un peu déſorganiſée, mais je m'en vais la refaire... Et ſi vous avez trouvé mes aiguilles bien piquantes, ſi elles ont bien piqué la vanité, la ſottiſe, la nobleſſe de contrebande, je vous en vendrai toujours à juſte prix ; je ferai payé par le plaiſir de vous avoir réjouis.

---

(1) Le *rougeret* eſt un petit fromage fort goûté des vieux Lyonnais, quand ſes qualités traditionnelles n'ont point été altérées par les progrès de l'induſtrie moderne. Le *mont-d'or* eſt connu du monde entier.

FIN DU MARCHAND D'AIGUILLES.

LES VOLEURS VOLÉS

PIÈCE EN UN ACTE

PERSONNAGES :

GUIGNOL, *entrepreneur.*
MADELON, *sa femme.*
GRIPARDIN, *propriétaire, usurier.*
THIBAUT, *fermier.*
FINEMOUCHE,
REVERSI, } *voleurs.*

LES VOLEURS VOLÉS
PIÈCE EN UN ACTE

Un village.
D'un côté, la maison de Guignol; de l'autre, celle de Gripardin.

SCÈNE PREMIÈRE.
GUIGNOL, puis MADELON.

GUIGNOL, arrivant du côté opposé à sa maison; il appelle:

ADELON! Madelon! Viens vite, j'apporte une bonne nouvelle.

MADELON, sortant de sa maison.

Qué qu'y a donc?

GUIGNOL.

Y a qu'on m'a donné l'entreprife du morceau de la nouvelle route qui traverfe la commune, avec le pont à faire fur le ruiffiau ; y a ben à gagner par là une pièce de 5,000 francs.

MADELON.

Oh ! que c'eft cannant ! que c'eft cannant ! Tiens, je t'embraffe.

GUIGNOL.

J'ai ben eu mes peines à l'avoir... Y avait là un M'fieu avec un gros ventre & des lunettes d'or... qui portait la tête droite & qui m'a fait un tas de queftions... mais je li ai bien levé mon chapeau, je li ai parlé avec ma petite voix ; ça li a fait plaifir à cet homme comme y faut... Il a mis la main dans fon gilet, en croifant fes bras derrière le dos... il a fait trois tours dans fon bureau... & il m'a dit avec une voix majeftueufe... & un gefte comme dans une pièce de thiatre : Guignol, vous êtes un bon zigue ; empoignez-moi ce morceau de route ; je vous l'octroye.

MADELON.

Te lui as fauté au cou ?

GUIGNOL.

Non ; j'ai eu peur de lui caffer fes lunettes.

MADELON.

Eſt-ce que te vas bientôt te mettre en ouvrage?

GUIGNOL.

Y a une petite farimonie à faire avant.

MADELON.

Quoi donc encore?

GUIGNOL.

Y faut poner (1) un cautionnement de 3,000 francs... Combien avons-nous à la maiſon?

MADELON.

Quéque choſe comme 1,200 francs... que t'as gagnés dans ton darnier travail.

GUIGNOL.

Comme ça. c'eſt 1,800 francs qu'y faut trouver à emprunter?

MADELON.

Manquablement... A qui veux-tu que nous demandions ça?

GUIGNOL.

Y a le couſin Pierre.

(1) *Poner:* dépoſer.

MADELON.

Il n'eſt pas plus riche que nous.

GUIGNOL.

C'eſt vrai... y a chez lui plus de noyaux de pêche que de billets de banque... Et le voiſin Gripardin... là en face ?

MADELON.

Il eſt ben trop avare... Il ne prête qu'à gros intérêts.

GUIGNOL.

Hé bien, nous lui offrirons de lui en payer, des intérêts... Ça en vaut la peine... y a à gagner.

MADELON.

Il ne voudra pas prêter à des petites gens comme nous.

GUIGNOL.

P't-être que ſi... il eſt toujours bien honnête avec nous... il nous dit bonjour.

MADELON.

Il eſt bien bon à donner des coups de chapeau... des conſeils encore... mais d'argent, bernique !

GUIGNOL.

Ça ne coûte rien d'eſſayer.

MADELON.

Nous effayerons, fi tu veux... mais tout à l'heure... A préfent tu dois avoir faim... Viens déjeuner.

GUIGNOL.

Oui... je fuis venu à pied de la ville ce matin... y a quatre lieues... Te m'as trempé ma foupe?

MADELON.

Oui, oui... & puis t'auras une oreille de cochon... & une bouteille du bon.

GUIGNOL.

Allons! je fens que l'appétit me grabotte l'eftom. (*Ils entrent dans leur maifon.*)

SCÈNE II.

GRIPARDIN, feul. — Il fort de chez lui.

Je fuis inquiet... Il eft midi & cinq minutes... & Thibaut, qui eft ordinairement fi exact, ne m'a point encore apporté fon année de ferme qui eft échue hier... (*Il aperçoit par terre un morceau de chiffon & le ramaffe.*) Qui eft-ce donc qui laiffe traîner ces chofes-là?... Ça fe vend fix liards la livre. (*Il l'emporte chez lui.*)... C'eft fort défagréable ces retards de paiement... Le terme eft de 3,000 francs... On perd un jour, deux jours d'intérêts... Au bout de l'année, ça fait une fomme... Thibaut me payera ce retard... Son bail eſt à fin ; j'eſſayerai de lui faire une augmentation. (*On entend chanter Thibaut.*) Ah! le voici; c'eſt ſa voix... Mes trois mille francs s'approchent! Ah!... mon cœur bat...

SCÈNE III.

GRIPARDIN, THIBAUT.

Ce dernier entre en chantant & porte un ſac d'écus.

GRIPARDIN.

Bonjour, mon cher Thibaut.

THIBAUT.

Salu ben, Monſu Gripardin... Veiquia voutro liords (1). (*Il met le ſac d'écus ſur la bande.*)

GRIPARDIN.

Bien, mon ami. (*Il ſe précipite ſur le ſac & l'emporte chez lui.*)

THIBAUT, ſeul.

Ol é leſto, notron Monſu (2).

GRIPARDIN, revenant.

Le compte y eſt bien, n'eſt-ce pas ?

(1) Je vous ſalue, Monſieur Gripardin. Voilà votre argent.

(2) Il eſt leſte, notre monſieur.

THIBAUT.

Je lous ai compto pus d'una vé, Monſu Gripardin. Je cré ben qu'ol y fara (1).

GRIPARDIN.

J'ai confiance en toi. Je les recompterai tout à l'heure... Mais dis-moi, tu es bien content cette année ; tu as eu de bonnes récoltes،

THIBAUT.

Oh que nanni, Monſu Gripardin! Tot a éto par lo travars (2).

GRIPARDIN.

Tu as eu beaucoup de blé.

THIBAUT.

N'y a eu gin, Monſu Gripardin... On n'a gin pu ſeno in bon temps... y a gelo in Avri... lou vars ant migi lo reſto... & lo pou que s'è meiſſonna n'a rindu que de pailli (3).

GRIPARDIN.

Et tes vins ? Les vendanges ont été ſuperbes partout.

---

(1) Je les ai comptés plus d'une fois... Je crois bien qu'il y eſt.

(2) Oh que non !... tout eſt allé de travers.

(3) Il n'y en a point eu... On n'a pas pu femer au moment favorable... Il a gelé en avril.. les vers ont mangé le ſurplus, & le peu qu'on a moiſſonné n'a rendu que de la paille.

THIBAUT.

Vé chi nous, no... La gréla a tot ablagi... J'ai fat la meitia de moins que l'an paſſo, Monſu Gripardin (1).

GRIPARDIN.

Tu te plains toujours.

THIBAUT.

O n'eſt pos fin cauſa... Nos n'avons ayu que de difaſtros c'tu printemps... Notra plus bella vachi a crevo pre avé migi trop de treflo;... notron cayon n'a gin fat de proufit... & notron coquo (*il pleure*) s'a caſſa una patta, Monſu Gripardin (2).

GRIPARDIN.

Cela ſe rencontre mal, car ton bail eſt à ſa fin... & il faut que je t'augmente de 500 francs.

THIBAUT.

500 francs! Monſu Gripardin!.. Vos n'y penſos pos... Nos fomos ben loin de compto... Je veno atenant vo demando una deminution de 500 francs... Je ne poyo pus fare à c'tu prix; je me migi (3).

---

(1) Pas chez nous... La grêle a tout ravagé... J'ai récolté la moitié moins que l'an paſſé.

(2) Ce n'eſt pas ſans motif... Nous n'avons eu que des malheurs ce printemps... Notre plus belle vache eſt morte pour avoir mangé trop de trèfle; notre cochon n'a point fait de profit, & notre coq s'eſt caſſé une patte.

(3) Cinq cents francs!... Vous n'y penſez pas!... Nous ſommes bien

GRIPARDIN.

Il le faut cependant.

THIBAUT.

Monfu Gripardin, faut être raifonnoblo... ne faut pos écorchi lou pauro païfan... vos êtes ben trop richi (1).

GRIPARDIN.

Moi, riche! Veux-tu bien te taire... Qui t'a dit cela ? Je fuis plus pauvre que toi... Tu gagnes, toi... moi je fuis vieux ; je ne puis plus travailler.

THIBAUT.

Voutro liords travaillont à la placi de voutro bras (2).

GRIPARDIN.

L'argent ne rend rien... Mais, écoute ; je veux être accommodant... tu me donneras 500 francs de plus, & j'ajouterai à ta ferme mon pré de la Cailloutière.

THIBAUT.

Votron pra de la Caillouteri ; je n'en volo gin... n'y a que de pire (3).

loin d'être d'accord... Je viens précifément vous demander une diminution de 500 francs... Je ne peux plus faire mes affaires à ce prix ; je me ruine.

(1) Il faut être raifonnable... Il ne faut pas écorcher le pauvre payfan... vous êtes bien trop riche.

(2) Vos écus travaillent en remplacement de vos bras.

(3) Votre pré de la Cailloutière, je n'en veux point ; il n'y a que des pierres.

GRIPARDIN.

Quand tu l'auras cultivé quelques années, tu pourras y femer de la luzerne.

THIBAUT.

Tot lo fumi de notron villagi n'in podri pas fare forti una ronci de votron pra (1).

GRIPARDIN.

Je prendrai un autre fermier.

THIBAUT.

Vos n'in trovari gin coma me... que vos payi atenant à la San Martin (2).

GRIPARDIN.

Allons! allons! Je vais préparer ton bail... tu le figneras tout à l'heure... nous boirons un coup.

THIBAUT.

Je vouai paffo vé mon cofin Toino... je goûtarai avouai ello. (*A part.*) Monfu Gripardin me bailliri un morceau de pan & me fari bère d'aigua o de piquetta... Toino me bara de bon vin & una foupa de lord (3).

(1) Tout le fumier de notre village n'y pourrait pas faire poulfer une ronce, dans votre pré.

(2) Vous n'en trouverez point comme moi qui vous paye exactement à la Saint-Martin.

(3) Je vais aller chez mon coufin Antoine; je dinerai avec lui... Mon-

GRIPARDIN.

C'eſt ça, c'eſt ça... dine avec ton couſin Toine. (*A part.*) J'aime mieux ça. (*Haut*) Ce ſoir nous terminerons notre affaire.

THIBAUT.

Oua, je tornarai incanot, Monſu Gripardin... Ma je ne ſignarai gin d'ogmentation (1). (*Il ſort.*)

SCÈNE IV.

GRIPARDIN, ſeul.

J'en aurai raiſon ce ſoir... Quand il reviendra de chez ſon couſin, il aura bu, &, s'il le faut abſolument, je mettrai encore une bouteille de vin par-deſſus ſa ration... Allons défaire ce ſac & compter ces mille écus... Une à une... chaque pièce... les palper, les aligner, les mettre en pile, les remettre dans le ſac... les faire ſonner... doucement... doucement... pour que les voiſins n'entendent pas... Quel plaiſir! (*Il rentre chez lui.*)

SCÈNE V.

GUIGNOL, MADELON.

GUIGNOL.

Es-tu ſûre de ce que tu dis, not' femme ?

ſieur Gripardin me donnerait un morceau de pain & me ferait boire de l'eau ou de la piquette. Antoine me donnera du bon vin & une ſoupe au lard.

(1) Oui, je reviendrai ce ſoir ; mais je ne ſignerai point d'augmentation.

MADELON.

J'ai vu arriver Thibaut ; il avait un fac à la main. Le père Gripardin a pris le fac & l'a emporté chez lui... puis ils font reftés longtemps à caufer.

GUIGNOL.

Le moment eft bon... faut frapper chez lui. (*Il frappe.*) M'fieu Gripardin ! M'fieu Gripardin !... Perfonne répond... Il y eft pas.

MADELON.

Je viens de le voir rentrer.

GUIGNOL, frappant encore & appelant.

M'fieu Gripardin ! M'fieu Gripardin !... Ah ! il veut pas fortir... Si nous jetions une pierre contre fes vitres, il fortirait bien... Attends... je vais faire comme nous faifions quand nous étions petits gones, pour le faire fortir... Je vais crier au feu !

MADELON.

C'eft une idée chenufe.

GUIGNOL, criant.

Au feu ! au feu !

SCÈNE VI.

LES MÊMES, GRIPARDIN.

GRIPARDIN, sortant précipitamment.

Qu'est-ce que c'est?... vite les pompiers.. Où est le feu?

GUIGNOL, riant.

Il est à ma cheminée, papa Gripardin... Je fais des matefains... A votre service!

GRIPARDIN, riant d'une manière forcée.

Ah! ah! ah! ah! (*A part.*) Animal! (*Haut.*) Allons! j'aime mieux ça... Au revoir, voisins!

GUIGNOL, l'arrêtant.

C'est que, voyez-vous, voisin, j'ai quelque chose à vous demander... J'ai frappé chez vous... Comme vous ne répondiez pas, j'ai émaginé de crier au feu.

GRIPARDIN.

Toujours plaisant, M. Guignol... Allons, allons, vous faites bien de ne pas engendrer mélancolie.

MADELON.

Nous voulions vous prier de quéque chose.

GRIPARDIN.

De quoi, mes amis ? (*Madelon s'approche de la porte de la maison de Gripardin : il la repousse.*) Attendez, attendez. (*Il ferme sa porte.*) Je suis tout à vous, mes chers voisins.

GUIGNOL.

V'là ce que c'est : Vous savez bien que j'ai fait quéques entreprises de route dans ces derniers temps.

GRIPARDIN.

Oui, oui, vous êtes travailleur, mon voisin... c'est très-bien... Il faut économiser ; il faut amasser à présent...

MADELON.

Oh ! nous mettons ben quéque chose de côté.

GRIPARDIN.

Quelque chose ! quelque chose ! Il faut mettre tout de côté.

GUIGNOL.

Faut ben vivre.

GRIPARDIN.

On a le temps de vivre quand on est vieux... D'ailleurs, on vit de si peu quand on sait s'y prendre... Voyons, Madame Guignol, je suis sûr que vous donnez à votre mari du vin à tous ses repas.

MADELON.

Le pauvre homme travaille bien affez pour ça.

GRIPARDIN.

C'eft une prodigalité... Une fois par jour fuffit... & même tous les deux... trois... ou quatre jours ferait préférable... Il y a de l'eau fi bonne dans le village... Avec çà, nourriffez-le de fortes foupes... des haricots, des fèves.

MADELON.

Il faut ben du beurre à la foupe.

GRIPARDIN.

Il en faut!... il en faut!... pas beaucoup. Tenez, j'avais un oncle... lorfque fa foupe cuifait... il faifait chauffer fon couteau... il le paffait fur le beurre, & il le trempait dans fon bouillon... Sa foupe était excellente... & une livre de beurre lui durait trois mois.

GUIGNOL.

Il devait ben être un peu fort, fon beurre.

GRIPARDIN.

Il n'en avait que plus de goût... Le pauvre cher homme était maigre comme un cent de clous... Il s'eft tout épargné jufqu'à fon dernier jour... mais il a laiffé une belle fortune.

GUIGNOL.

Pour en revenir, M'sieu Gripardin...

GRIPARDIN.

Vous êtes de braves gens, je vous aime beaucoup.

GUIGNOL.

Pour en revenir...

GRIPARDIN.

Toutes les fois que mes conseils pourront vous être utiles.

GUIGNOL.

Pour en revenir... vous savez ben la route qui doit traverser le village... c'est moi qui ai la déjudication d'un morceau avec le pont sur le ruissiau... Je n'en suis tout joyeux.

GRIPARDIN.

Ça me fait plaisir pour vous, voisin... Vous mènerez ça très-bien, j'en suis sûr... & vous y gagnerez une sixaine de mille francs.

GUIGNOL.

P't-être ben... Seulement, y faut que je pose un cautionnement de 3,000 francs, & j'ai à la maison que 1,200 francs... Si vous pouviez nous prêter ce qui manque... vous nous feriez ben plaisir... Nous vous paierons les intérêts...

GRIPARDIN.

Des intérêts!... Allons donc!... Eft-ce qu'entre voifins on parle d'intérêts! Moi, je n'en veux pas... c'eft 1,800 francs qu'il vous faut?

GUIGNOL.

Pas plus... (*Bas à Madelon.*) Te vois ben qu'il n'eft pas fi mauvais que te croyais.

MADELON, de même.

Tant mieux!

GRIPARDIN.

Hé bien! je vais faire de l'argent, & dans quelques mois...

GUIGNOL.

Mais c'eft tout de fuite qu'il me les faudrait... Si je n'ai pas poné après-demain, on donne la déjudication à un autre.

GRIPARDIN.

J'en fuis défolé.... je n'ai pas d'argent; je ne fais pas comment je finirai le mois... Les fermiers ne paient pas.

MADELON.

Je croyais cependant que votre fermier Thibaut...

GRIPARDIN.

Non, non... voilà bien des femaines que je n'ai pas fait une rentrée... L'argent eft d'un rare.

GUIGNOL.

Comme ça vous ne pouvez pas me rendre ce fervice?

GRIPARDIN.

Impoffible, mon cher voifin... Si vous obteniez un retard de quelques mois, nous verrions... Au refte, ne m'épargnez pas, mes bons voifins... Pour les confeils, pour les démarches... je fuis à vous de tout mon cœur. (*Il rentre chez lui & ferme fa porte.*)

SCÈNE VII.

GUIGNOL, MADELON.

MADELON.

Hein! te l'avais-je pas dit?

GUIGNOL.

Il eft toujours le même; c'eft un vieux grigou ben confervé dans le vinaigre.

MADELON.

Nous v'là ben plantés.

GUIGNOL.

Je ferai une tournée chez quéques amis.

MADELON.

Ah ouiche ! tes amis... des pilleraux... ils font chargés d'écus comme un noyer eſt chargé de prunes.

GUIGNOL.

Bah ! entre eux tous... Puis j'irai demander un petit retard... En attendant, je ſuis las de mon voyage de ce matin... Je vais me mettre ſus mon lit un m'ment... ça fera pouſſer de-z-idées... Allons, femme, te chagrine pas... Nous trouverons bien moyen de moyenner.

Ils entrent dans leur maiſon.

SCÈNE VIII.

GRIPARDIN, ſeul.

Il ſort de chez lui avec précaution & regarde du côté de la maiſon de Guignol.

Ils ſont rentrés, bon !... (*Il entre en ſcène.*) Leur prêter 1,800 fr. !... Et ſur quoi, grand Dieu ?... Leur maiſon vaut 900 fr. à peine... leur entrepriſe peut ne pas réuſſir... & puis prêter à des voiſins, à des gens qui ſont toujours auprès de vous, qu'il faut ménager!... On ne peut pas leur demander des intérêts convenables... on ne peut exiger de la ponctualité à l'échéance... Moi, je place mon argent à la ville... mes emprunteurs ne me connaissent pas... Je fais convenir des intérêts par un tiers... & ils sont bons, les intérêts!.. Ah! ceux qui ont besoin de l'argent doivent le payer... & plus ils en ont besoin, plus ils doivent le payer... ah! ah! ah! (*Il rit*)... Mais il est déjà tard; je ne puis aller à la ville ce soir... Et que faire de ces 3,000 fr. que m'a apportés Thibaut? Les garder chez moi, c'est un danger... on peut avoir vu Thibaut... on peut voir le sac chez moi... il y a tant de malfaiteurs dans le pays... J'ai là une cachette (*Il montre le bas de sa maison.*) dont j'ai usé plusieurs fois... Elle est excellente... Sous cette pierre... Mon grand'père y plaçait déjà ses économies... personne ne peut soupçonner... allons chercher mon sac. (*Il entre chez lui & revient immédiatement avec le sac. Un voleur l'observe du fond du théâtre.*)... Ah! mon bijou, mon trésor, mon cœur! Il faut nous séparer, mais ne te chagrine pas, ce ne sera pas pour longtemps... Personne ne me voit? (*Il regarde autour de lui.*)... Allons, il le faut!... (*Il cache le sac.*) Tiens-toi bien tranquille, cher ami, jusqu'à demain, au revoir! (*Le voleur l'a épié.*)... Là! voilà qui est fait. Ah! ah! ah! (*Il rit.*) & dire qu'il y a des gens qui passeront ici, & personne ne se doutera qu'il y a un sac d'argent sous cette pierre... Ah! ah! ah! (*Il rentre chez lui.*)

SCÈNE IX.

REVERSI, seul.

Excepté moi, vieux farceur! Ah!... tu mets ton argent en terre! Tu veux le faire germer... C'est moi qui vais lever la récolte. (*Il prend le sac.*) Fameux! Fameux!... Je ne sais pas au juste ce qu'il y a là-dedans; mais je ne suis pas regardant, moi; je prends sans compter... Sapristi! il y a gras... Qu'est-ce que je vais faire de ça à présent?... Aller partager avec les camarades, ça ne me va pas... La troupe est mal composée, je veux la quitter... Si je rentre avec cela... il faut montrer la prise à l'arrivée... ma part sera trop courte. Je vais cacher le sac... (*Un autre voleur l'observe.*) Mais où?... Ah! là!... Voilà un coin favorable. (*Il indique l'angle de la maison de Guignol.*) Ce soir, à la nuit close, je viens le prendre & je file loin d'ici. (*Il cache le sac.*) C'est ça! Recouvert avec ces feuilles & ces équevilles... Il faudrait un filou plus filou que moi pour se douter qu'il y a là une tire-lire numéro un!... Allons retrouver la troupe jusqu'à ce soir. (*Il sort.*)

SCÈNE X.

FINEMOUCHE, seul.

Tu demandes un filou plus filou que toi... Hé ben,

me v'là!... Ah! Reverſi, mon ami, tu prends du goujon & tu veux manger la friture ſans les camarades. Ça peut te coûter cher... Extirpons d'abord le coco! (*Il déterre le ſac : Guignol le voit de ſa fenêtre.*) Ah! ah! il eſt aſſez gentil. Je comprends que Reverſi ait voulu le garder pour lui tout ſeul.... Il faut agir avec prudence & ſavoir au juſte quelles étaient ſes intentions... Cachons le ſac ailleurs... là, au pied de cet arbre... Les cachettes les plus ſimples ſont les plus ſûres. (*Il cache le ſac dans le fond du théâtre : Guignol le voit.*) Là!... Piétinons par-deſſus, & c'eſt fait... A préſent, je cours à Reverſi... S'il eſt franc, nous nous entendons... ſinon je le dénonce, & ſon affaire eſt claire. (*Il ſort.*)

SCÈNE XI.

GUIGNOL, ſeul, ſortant de chez lui.

Nom d'un rat! j'en ai entendu des belles... Quels filous!... Pour les mettre d'accord, je prends le ſac & je l'emporte chez moi.

Il déterre le ſac & l'emporte.

SCÈNE XII.

REVERSI, FINEMOUCHE.

REVERSI, entre en courant.

Peſte! peſte! on eſt à mes trouſſes... Voilà un quart-d'heure que j'entends des pas derrière moi... Tiens, c'est Finemouche, que me veut-il ?

FINEMOUCHE.

Comme tu files !... On dirait que tu as une compagnie de maréchauffée fur les talons... J'ai eu de la peine à te rattraper.

REVERSI.

Est-ce que le capitaine me demande ?

FINEMOUCHE.

Non... mais je voulais caufer avec toi... On ne peut plus te parler... Tu fuis les camarades depuis quelque temps.

REVERSI.

Ah ! quelle idée !... Mon cher Finemouche, tu es mon meilleur ami.

FINEMOUCHE.

Merci, Reverfi !.. Ton amitié m'encourage à te demander l'explication d'un rêve qui me tracaffe ; tu es fils de bohémiens, tu t'y connais.

REVERSI.

Je t'écoute.

FINEMOUCHE.

C'est moi qui ai fait la garde cette nuit. Au matin, je

me suis endormi au pied d'un chêne, & j'ai rêvé que tu avais trouvé, en te promenant, un sac qui pouvait bien contenir mille écus.

REVERSI, à part.

Il fait tout.

FINEMOUCHE.

Et tu me disais : « Mon vieux, nous sommes les plus anciens de la troupe... Il n'y a pas de l'eau à boire par ici... partageons ça à nous deux & quittons ce maudit pays... » Ce songe m'avait rendu bien heureux. Mais, à mon réveil, plus rien... Songe, mensonge!... & tu n'étais pas là pour me consoler.

REVERSI, à part.

Allons! il faut s'exécuter; une autre fois, je prendrai mieux mes mesures. (*Haut.*) Il y a de grandes singularités dans la vie, mon cher Finemouche... Tu ne le croirais pas; hé bien! ton rêve est une réalité... J'ai trouvé, en effet, un sac... qui peut bien contenir mille écus... comme dans ton rêve... &, comme dans ton rêve encore, je l'ai mis de côté pour que nous le partagions... Tiens, il est là. (*Il va chercher vers la maison de Guignol.*) Il est assez rondelet. (*Il cherche.*) Ah! mais c'est bien là que je l'ai mis... Il n'y est plus... Sarpéjeu! Malheur à celui qui l'a pris!

FINEMOUCHE, riant.

Ah! ah! ah! c'est comme ça que tu travailles!... Tu

n'as pas bien fermé ta caisse... Allons, allons, n'aie pas peur. Voilà ce que c'est que d'avoir de bons camarades. Tu avais mal caché ton magot, il était fort exposé.. moi, je l'ai mis en lieu sûr... Tiens, il est là. (*Il va chercher dans le fond.*) La cachette est supérieure. (*Il cherche.*) Diantre! Je l'ai trop bien caché; je ne le trouve plus... Ah! le sang me monte à la tête... Est-ce que?... ou bien, si?... Ah! Reversi, tu l'as déterré... Donne-moi ma moitié; ou gare à toi! (*Il le menace.*)

REVERSI.

C'est bon, c'est bon! Assez de frimes comme ça... Tu m'as volé... Rends le sac, ou sinon...

FINEMOUCHE.

Tu n'en profiteras pas, gredin de bohémien.

REVERSI.

Je vais te faire rendre gorge, traître.

Ils se battent.

SCÈNE XIII.

LES MÊMES, GUIGNOL.

GUIGNOL, entrant & frappant les deux voleurs avec un bâton.

Ah! brigands! coquins! scélérats!... Au voleur! au voleur! (*Les voleurs s'enfuient.*) Hé ben! v'là votre monnaie... vous n'avez pas besoin de partager à présent;

vous avez chacun votre compte... Je vais pofer ma trique... & j'irai faire ma déclaration à M. le bailli. (*Il rentre chez lui.*)

SCÈNE XIV.

GRIPARDIN, feul.

J'ai entendu du bruit; je ne fuis pas tranquille... Ce fac me tient en fouci... Il eft en fûreté, & cependant... un coup d'œil me fera du bien. (*Il regarde fa cachette.*) Ciel! La pierre eft enlevée!... Le trou!... Je ne vois rien... rien... Mon fac... rien... Ah! ah! ah!... je me trouve mal... à l'affaffin! à l'affaffin!... je fuis mort... mort. (*Il tombe fur la rampe.*)

SCÈNE XV.

GRIPARDIN, GUIGNOL, MADELON.

GUIGNOL.

Qué qu'y a donc!... Ah! nom d'un rat, v'là le vieux qui tourne l'œil... Madelon, va chercher le pot à l'eau. (*A Gripardin, en lui frappant fur la tête.*) Allons, vieux, pas de bêtifes! Revenez; faites-vous courage.

GRIPARDIN, fe relevant.

Qu'y a-t-il?... où fuis-je?... courez; on m'a pris... Ah! fi c'eft vous, rendez-le moi.

SCENE XV.

GUIGNOL.

Quoi !

GRIPARDIN.

Mon fac... Je fuis ruiné !

GUIGNOL.

Qué fac ?

GRIPARDIN.

Un fac d'argent que j'avais là.

MADELON.

Mais... vous difiez tantôt que vous n'aviez pas le fou.

GRIPARDIN.

Je ne penfais pas à cet argent... j'en fuis puni... Mes chers voifins, aidez-moi... accompagnez-moi chez le bailli... ou plutôt allez-y pour moi... mes jambes ne peuvent plus me porter... Je vous paierai votre commiffion... fi l'on me rend mon argent... car je n'ai plus rien.

GUIGNOL.

Dites donc... j'en ai bien trouvé un... fac.

GRIPARDIN.

C'eft le mien... c'eft le mien... je le reconnais.

GUIGNOL.

Vous l'avez pas encore vu... Comment eſt-il donc?

GRIPARDIN.

C'eſt un ſac... un joli ſac... rond... qui a un ſon agréable. Il eſt attaché avec une ficelle.

GUIGNOL.

Je vais vous faire voir celui que j'ai. Si c'eſt pas le vôtre, vous le direz. (*Il rentre chez lui.*)

GRIPARDIN.

Je vous le jure, mon cher Guignol.

GUIGNOL, revenant avec le ſac.

Eſt-ce ça, vieux?

GRIPARDIN.

C'eſt lui, c'eſt lui... c'eſt toi... Pourvu que rien n'y manque! (*Il ſe jette ſur le ſac & l'emporte chez lui.*)

MADELON.

Il dit ſeulement pas merci.

GUIGNOL.

Ça m'eſt bien égal.

GRIPARDIN, revenant & riant.

Ah! ah! ah! c'eſt bien lui... tout y eſt... rien n'y manque, mes chers voiſins.

GUIGNOL.

Vous avez pas eu le temps de compter.

GRIPARDIN.

Je n'ai pas eu beſoin de compter... J'ai un nœud; un nœud à moi... le nœud n'a pas été défait... Guignol, vous êtes un honnête homme.

GUIGNOL.

J'ai fait mon devoir... Adieu, M'ſieu.

GRIPARDIN.

Ne partez pas. Dites-moi... où l'avez-vous trouvé?

GUIGNOL.

C'eſt des voleurs qui l'avaient ſoupeſé... & je leur l'ai repris... en leur cognant ma trique ſur le cotivet (1).

GRIPARDIN.

Des voleurs!... Ils ſont arrêtés, n'eſt-ce pas?

GUIGNOL.

Je ſais pas... je me ſuis occupé de leur-z-y prendre

(1) *Le cotivet;* la nuque.

le fac, & de le mettre à la foûte (1)... J'ai bien crié, mais je les ai laiffés courir... Ils courent encore... manquablement.

GRIPARDIN.

Ils courent encore!... mais ils peuvent revenir... ils peuvent entrer dans ma maifon... ils peuvent m'affaffiner... ils vont me croire riche... Ah! M. Guignol, ne me laiffez pas feul cette nuit... venez coucher chez moi.

GUIGNOL.

J'ai mes affaires, voifin... Bonfoir!

GRIPARDIN.

Venez fouper avec moi, tous les deux.

GUIGNOL.

Merci, merci! votre couteau met pas affez de beurre à la foupe.

GRIPARDIN.

Attendez! (*Il rentre chez lui précipitamment.*)

MADELON.

Que va-t-il faire?

---

(1) *A la foûte;* à l'abri.

GRIPARDIN, revenant avec le sac & le donnant à Guignol.

Tenez, Guignol; vous avez besoin d'argent pour votre cautionnement... Prenez celui-là, je vous le prête... vous me le rendrez quand vous aurez fini votre entreprise... & nous nous entendrons plus tard pour les intérêts. (*A part.*) Le sac sera plus en sûreté chez lui que chez moi.

GUIGNOL.

Merci, M'sieu.

GRIPARDIN.

Mais vous allez venir souper avec moi... ne me laissez pas seul... & Mme Guignol aussi... Je vous retiendrai jusqu'à demain matin.

GUIGNOL.

La cuisine sera-t-elle toujours d'haricots & de fèves... avec la piquette des grenouilles?

GRIPARDIN.

Oh! nous ferons bombance... Je vous donnerai d'un vin que je gardais... pour quand je serai vieux... Nous mettrons un saucisson... Mme Guignol fera un tour à la basse-cour & saignera un poulet.

MADELON.

Quand les avares s'y mettent... n'est-ce pas, M. Gripardin?

SCÈNE XVI.

LES MÊMES, THIBAUT.

THIBAUT.

Monſu Gripardin, je veno bère un coup avouai vos, como vos m'avé dit. (*Voyant Guignol qui a le ſac.*) Tiens, veiquia lo ſac que je vos ai addu c'tu matin (1).

MADELON.

Il me ſemblait bien auſſi que j'avais vu Thibaut.

GRIPARDIN.

Oui, oui... je l'avais oublié... Thibaut, tu ſouperas avec nous.

THIBAUT.

Oua, Monſu Gripardin;... J'ons ben gouta avouai Toino, ma je ſoparai ben tot de memo (2).

GRIPARDIN.

Et nous ſignerons le bail.

THIBAUT.

Avouai gin d'ogmentation (3)?

(1) Je viens boire un coup avec vous, comme vous me l'avez dit... Tiens, voilà le ſac que je vous ai apporté ce matin.

(2) Oui... j'ai dîné avec Antoine, mais je ſouperai bien tout de même.

(3) Sans augmentation?

GRIPARDIN.

Oui, oui, fans augmentation... Je fuis trop content ce foir... mon fac eft fauvé... mais tu nous chanteras une chanfon, Thibaut.

THIBAUT.

Je volo ben, Monfu Gripardin... Je vos chantarai la *Parneta*.

Il chante la chanfon de la *Pernette*, & les autres perfonnages répètent le refrain :

La Pernette fe lève,
Tra la la la, la la la la, tra la la la ;
La Pernette fe lève
Trois heures avant le jour,
Trois heures avant le jour, our (1).

Le rideau tombe.

---

(1) La chanfon de la *Pernette*, qui eft fort connue dans nos campagnes, a eu l'honneur d'être citée dans les Inftructions du Comité de la langue, de l'hiftoire & des arts pour le Recueil des poéfies populaires de la France. (*Bulletin du comité*, t. I, 1853, p. 259.) Elle n'eft pas chantée feulement, comme l'indique ce travail, dans le Lyonnais & en Auvergne ; elle l'eft auffi en Dauphiné, en Savoie, en Breffe & Bugey. Elle ne paraît pas fort ancienne. La plupart des verfions qui fe chantent, verfions affez différentes dans leur développement & dans leurs détails, font en français populaire. Toutefois, la *Revue du Lyonnais* de 1867, t. II, p. 68, en a donné une leçon dans laquelle le récit eft en patois des environs de Valence, ainfi que les répliques de Pernette, & celles de la mère de Pernette en français.

FIN DES VOLEURS VOLES.

TU CHANTERAS

TU NE CHANTERAS PAS

POCHADE EN UN ACTE

PERSONNAGES :

BONNARD, *rentier.*
CHALAMEL, *médecin.*
LE SERGENT HUBERT.
BAJAZOU, *restaurateur.*
GUIGNOL, *domestique sans place.*
JASMIN, *domestique de Bonnard.*

TU CHANTERAS
TU NE CHANTERAS PAS

POCHADE EN UN ACTE

Une place publique.

SCÈNE PREMIÈRE.
BONNARD, CHALAMEL.

BONNARD.

OMMENT, Docteur, tu me quittes?... Ma femme souffre beaucoup.

CHALAMEL.

Ne t'inquiète pas, mon ami;... Madame Bonnard

n'accouchera pas avant demain. Je ferai de retour ce soir, entre huit & neuf.

BONNARD.

C'est égal... je suis contrarié de te voir partir

CHALAMEL.

Ne crains rien. Je t'apporterai un lièvre.

BONNARD.

Comment! tu vas à la chasse?

CHALAMEL.

Oui, mon ami. C'est une partie projetée depuis huit jours... Nous sommes nombreux... La plaine de Montluel retentira de nos exploits... Je ne veux pas qu'il y reste une pièce de gibier.

BONNARD.

Au moins, reviens de bonne heure.

CHALAMEL.

D'ici là ne néglige pas mes prescriptions... Surtout prends tes mesures pour éviter tout tapage sur cette place. Dans l'état où est ta femme, le bruit peut lui être funeste.

BONNARD.

Comment veux-tu que je fasse? Cette place est une

des plus bruyantes de la ville. Les marchands, le matin... les orgues de Barbarie & les muficiens de toute efpèce, au milieu du jour... & les ivrognes, le foir.

CHALAMEL.

Il n'eft pas bien difficile de fe débarraffer de ces gens-là. Si c'eft un ivrogne, donne-lui vingt fous, en le priant d'aller chanter au cabaret; il t'obéira avec enthoufiafme... Un muficien? Donne-lui dix fous à condition qu'il s'éloignera; c'eft toute la recette qu'il peut faire fur cette place... il ira ailleurs... Un marchand? Fais-lui une petite emplette, fous la même condition.

BONNARD.

Tu as raifon, Docteur. Tu as un efprit de reffources admirable.

CHALAMEL.

Allons, mon cher Bonnard, je te quitte. Tu auras ce foir de mes nouvelles... & de mon gibier. (*Il fort.*)

SCÈNE II.

BONNARD, feul.

C'eft un charmant médecin que mon ami Chalamel... Il prend le plus grand foin de fes malades. Il leur fait manger plus de cailles & de perdrix qu'il ne leur ordonne de juleps & de médecines... C'eft fa méthode à lui...

elle ne manque pas d'originalité... C'eſt auſſi un homme d'eſprit & de bon conſeil... Allons donner à mes domeſtiques les ordres néceſſaires. (*Il entre chez lui.*)

SCÈNE III.

LE SERGENT, ſeul.

(*A la cantonnade.*) Fiez-vous à moi, camarades... La noce ſera majeſtueuſe... Je vais faire les choſes ſuperlativement. (*Il vient en ſcène.*) Trois promotions dans le régiment! Il s'enſuit conſéquemment une fête, ou plutôt trois fêtes, où nous nous amuſerons comme quatre... approximativement. C'eſt moi qui ſuis l'ordonnateur... J'ai choiſi le cabaret du père Bajazou, à l'enſeigne du *Chien à trois pattes*... Allons! vive la gaîté française! Plaiſir & bombance! (*Il appelle.*) Père Bajazou! père Bajazou!

SCÈNE IV.

LE SERGENT, BAJAZOU.

BAJAZOU.

Que faut-il vous ſervir, ſergent?

LE SERGENT.

Quarante couverts & votre nectar le plus divin.

BAJAZOU.

C'est donc une noce?

LE SERGENT.

Mieux que ça. Trois promotions dans le régiment... Et je vous ai choisi pour arroser, avec l'aide du dieu Bacchus, libéralement les galons des camarades.

BAJAZOU.

Je vous remercie, sergent; je vais me mettre à mes fourneaux.

LE SERGENT.

Distinguez-vous, Bajazou... Je veux un festin comme ceux que dégustait jadis, à Rome, le général Sardanapale.

BAJAZOU.

Soyez tranquille, sergent. Le général Sardinapate se serait liché les cinq doigts & le pouce du gala que je vais vous confectionner.

LE SERGENT.

En attendant, Bajazou, apportez insensiblement votre bouteille d'absinthe... & je m'en vais lui dire deux mots subséquemment.

BAJAZOU.

Entrez, sergent, militairement; & je vous sers sur-le-champ inſtantanément tambour battant. (*Ils entrent chez Bajazou.*)

SCÈNE V.

GUIGNOL, ſeul.

(*A la cantonnade.*) C'eſt bon! c'eſt bon! vieux bugnon! On en trouvera ben une place que vaudra la tienne. Crois-tu que je n'en verſerai des pleurs de quitter ta caſſine? (*Il vient en ſcène.*) Je ſais pas comme je m'y prends... mais v'là quéque temps que je peux pas faire pus de vuit jours dans une place... Ce matin, je m'étais levé tout guilleret... j'avais fais un joli rêve... J'avais rêvé que je mangeais de chatagnes... à l'eau... dans un pot jaune... au coin du feu... Ça veut dire qu'on recevra d'argent dans la journée, de rêver de châtagnes (1). Hé ben! ça a tourné tout de traviole... A neuf heures, mon maître me dit : Guignol, apporte-moi vite mon déjeuner, je ſuis preſſé. — Oui, borgeois, que je li réponds. — Je cours à l'office pour prendre la ſoupière... j'empoigne quéque choſe... j'arrive avec mon quéque choſe... quand je vais pour le mettre ſur table, je vois que j'ai biché le... oui, nom d'un rat! je le tenais... C'était la cuiſinière qui l'avait entrepoſé là... Je veux le remporter, mais le borgeois l'avait vu... Il ſe monte comme une ſoupe au lait... J'ai beau m'eſcuſer — Borgeois, c'eſt pour m'être

---

(1) Le ſonge de Guignol, *a guſto*.

trop preffé, pour avoir trop voulu bien faire... Y a que ceux qui font rien qui fe trompent pas. — Ah! ouich! il m'écoute pas... il me fait mon compte.., fept & fept dix-vuit, & fept vingt-neuf, & neuf feptante-deux... Il me donne trois francs douze fous... il me flanque un certificat de bonne conduite... avec fon foulier... au-deffous des reins... Et me v'là fur le pavé... mais, comme dit Gnafron, faut jamais fe faire de mauvais fang. (*Il chante fur l'air de Préville & Taconnet:*)

> Quand j'ai pas l' fou, je chante pour être pas trifte;
> Quand j'ai d' l'argent, je chante parce que j' fuis gai. (bis)

SCÈNE VI.

GUIGNOL, LE SERGENT.

Le Sergent entre doucement & met la main fur la bouche de Guignol, pendant qu'il chante encore.

GUIGNOL, fe débattant.

Ah ça, fergent; reftez donc tranquille.

LE SERGENT.

L'ami, tu as une voix fuperbe & ton chant eft l'égal du roffignol... Si tu veux continuer de chanter... confécutivement devant cette auberge... il y a cent fous pour toi.

GUIGNOL.

Cent fous!... Eft-ce que vous les avez fur vous, fergent?

LE SERGENT.

Voilà. (*Il lui donne de l'argent.*)

GUIGNOL.

C'eſt convenu : je chanterai.

LE SERGENT.

Et ſi ton goſier ſe deſſèche, tu entreras chez le père Bajazou pour boire un coup avec des camarades... qui ſont des fameux lapins... Et chante-nous quelque choſe de ronflant, quelque choſe de belliqueuſement guerrier. (*Il rentre au cabaret.*)

SCÈNE VII.

GUIGNOL, ſeul.

Ça me va, ſergent, ça me va... Nom d'un rat! je chanterai ben tout ce qu'il voudra pour cent ſous... Me v'la chanteur à appointements... comme au Grand Opéra. Tout de même, il me demande quéque choſe de guerrier... ça me gêne un peu... je ſais que des complaintes... Le *Juif-Errant*, *Henriette & Damon*... Ah! j'y ſuis!... je vas leurs y chanter Marbrouk. (*Il chante :*)

Marbrouk s'en va-t-en guerre... (1).

(1) Ou tout autre refrain.

SCÈNE VIII.
GUIGNOL, JASMIN.

JASMIN.

Dites donc, l'ami ; eſt-ce que vous ne pourriez pas aller brailler un peu plus loin ?

GUIGNOL.

Eſt-il malhonnête, ce gone ! Qué que tu demandes, grand flandrin ? Dis donc, eſt-ce que tu en as entendu ſouvent des organes comme çui-là ? (*Il recommence à chanter.*)

JASMIN.

Je vous prie d'aller chanter plus loin ; la femme de mon maître eſt malade.

GUIGNOL.

J'en ſuis navré pour elle, mon vieux... mais comme je ſuis payé pour chanter, faut que je gagne l'argent qu'on me donne.

JASMIN.

Combien vous donne-t-on ?

GUIGNOL.

Dix francs.

JASMIN.

Ce n'eſt pas cher pour une auſſi jolie voix.

GUIGNOL.

Qué que tu dis, l'enrhumé?

JASMIN.

Je vous donne quinze francs pour vous taire.

GUIGNOL.

Fais voir l'argent... je ſuis pas fier.

JASMIN, lui donnant de l'argent.

Voilà !.. mais que je n'entende plus votre délicieux organe. (*Il ſort.*)

SCÈNE IX.

GUIGNOL, puis LE SERGENT, puis JASMIN.

GUIGNOL, ſeul.

En v'là un qu'eſt aſſez chenu. Y en a qui paient pour travailler, çui-là paie pour rien faire... Allons, je veux pas lui voler ſon argent... je vais me bercer.

Il ſe couche ſur la bande, & ſe berce en chantonnant : No, no, l'enfant do.

LE SERGENT arrive & frappe Guignol ſur la tête.

Dis donc, farceur, eſt-ce que tu me prends pour un

conscrit? Je t'ai payé pour chanter. Qu'est-ce que tu fais là?

GUIGNOL.

Je chante : *No, no, l'enfant do...*

LE SERGENT.

Tu veux rire, morbleu... moi, je ne ris aucunement.

GUIGNOL.

C'est que, voyez-vous, y est venu quéqu'un qui me paie pour rien faire... & comme j'aime mieux son travail que le vôtre... v'là pourquoi je fais rien.

LE SERGENT.

Quelqu'un marche sur mes brisées... morbleu!... Et combien te donne-t-on... totalement?

GUIGNOL.

Vingt francs, sergent.

LE SERGENT.

En voilà trente... mais chante, & chante bien... sinon je te fais faire connaissance avec la lame de mon sabre.

GUIGNOL.

Ah! ne badinez donc pas, militaire!... avec le machin que coupe?

LE SERGENT.

Je ne te dis que ça. Prends-y garde. (*Il sort.*)

GUIGNOL.

Il ferait dans le cas de me faire une boutonnière... Nom d'un rat! chantons vite. (*Il chante :*)

En avant, Fanfan la Tulipe...

Jasmin entre, & Guignol, en chantant, lui donne à chaque mesure un coup sur la tête.

JASMIN.

Ah! mais! laissez-moi donc... que vous me faites mal.

GUIGNOL.

Comment trouves-tu le bullion?

JASMIN.

Un peu salé... Tenez, voilà mon écot. (*Il lui donne un coup.*)

GUIGNOL lui en donne un aussi.

Tu me donnes trop; v'là ta monnaie.

JASMIN.

Assez de gestes... Il s'agit d'autre chose... Vous êtes joliment un homme de parole... Je vous ai payé pour vous taire, & vous beuglez plus fort qu'auparavant.

SCÈNE VIII.

GUIGNOL.

Mais, benoît, l'autre eft revenu. Il me donne quarante francs pour que je chante.

JASMIN.

En voilà foixante pour vous taire.

GUIGNOL, embarraffé.

C'eft que, voyez-vous, c'eft pus fort que moi... fitôt que je fuis réveillé, faut que je chante.

JASMIN.

Hé bien! dormez... je vous paie pour dormir... Mais furtout ne chantez plus... parce que je vous règlerai cette fois avec une autre monnaie, mon gaillard. (*Il fort.*)

GUIGNOL.

C'eft entendu; je tape de l'œil.

Il fe couche fur la bande & ronfle. Le fergent arrive, voit Guignol couché, fort & revient avec un bâton.

LE SERGENT.

Bataillon! garde à vos!

GUIGNOL, toujours couché.

Garde à vos, tant que tu voudras.

LE SERGENT.

Divifion! apprêtez vos armes! Joue!

GUIGNOL, de même.

Sur la joue, sur le flanc, ran tan plan, tambour battant.

LE SERGENT.

Feu! (*Il lui donne un coup.*)

GUIGNOL, se relevant.

Gredin, comme tu appuies sur la gâchette !

LE SERGENT.

Je t'ai payé pour chanter.

GUIGNOL.

Vous m'avez demandé quéque chose de ronflant, je ronfle.

LE SERGENT.

Pas de bêtises! Tu vas marcher au pas accéléré. (*Il tape.*)

GUIGNOL.

Oui, sergent. (*Il chante :*)
   Ah ! quel plaisir d'être soldat !

JASMIN, avec un bâton.

Tu es payé pour dormir, dors! (*Il lui donne un coup.*)

SCÈNE IX.

GUIGNOL.

Ah!... tout de fuite. (*Il fe couche.*)

LE SERGENT, tapant.

Chante.

GUIGNOL, fe relevant.

Oui, fergent. (*Il chante:*)

Ils font là-bas qui dorment fous la neige.

JASMIN, tapant.

Dors.

GUIGNOL.

Ah! mais... dites donc, ça commence à m'ennuyer. Vous tapez comme des compagnons maréchaux fur une enclume.

LE SERGENT, tapant.

Chante.

JASMIN, tapant.

Dors.

GUIGNOL.

Atatends! ça va finir. (*Il faifit le bâton de Jafmin & tape des deux côtés.*)

JASMIN.

A la garde! à la garde!

SCÈNE X.

LES MÊMES, BONNARD.

BONNARD.

Qu'eſt-ce qu'il y a donc ici? On ſe bat.

JASMIN.

Monſieur, ce drôle a reçu votre argent pour ne plus chanter.... Mais il continue de plus belle.... & vous voyez comme il me traite.

BONNARD.

Mes amis, chantez tant que vous voudrez... & chantez tous. Ma femme a accouché... je ne me ſens pas de joie. Tenez, voilà de l'argent pour boire à ma ſanté & à celle de Madame Bonnard.

TOUS.

Vivent Monſieur & Madame Bonnard! (*Ils chantent.*)

SCÈNE XI.

LES MÊMES, CHALAMEL.

CHALAMEL. Il apporte un lièvre.

Me voilà, mon ami, me voilà! Nous avons fait une chaſſe ſuperbe... Mais il me ſemble qu'on n'obſerve guère ici les recommandations que j'ai faites ce matin... Comment va ta femme?

BONNARD.

A merveille, docteur... mieux que tu ne penses...

CHALAMEL.

Que veux-tu dire?

BONNARD.

C'est fait, mon ami... Elle a accouché... très-heureusement.

CHALAMEL.

Déjà!... & que t'a-t-elle donné?

BONNARD.

Un gros garçon... un gaillard qui aura des dispositions pour la musique. (*On entend crier l'enfant.*) Ecoute-le... il a une voix superbe.

GUIGNOL.

Pardi! il m'a entendu... Ça lui a tout de suite donné le goût des arts... Je le retiens pour notre orphéon.

CHALAMEL.

Embrassons-nous, mon cher Bonnard... Je te fais mon compliment.... Si je n'ai pas aidé ce gaillard-là à faire ses débuts dans le monde, je me suis cependant occupé de lui; je lui ai tué un lièvre... Tiens; nous allons le manger à sa santé.

BONNARD.

Je veux que tout le quartier soit en joie. Buvez encore vingt bouteilles à la santé du jeune Bonnard. (*Il donne de l'argent à Guignol.*)

GUIGNOL.

L'argent est-il pour chanter ou pour pas chanter?

BONNARD.

Pour chanter, rire & boire.

GUIGNOL.

J'aime mieux ça... Tu chanteras, tu chanteras pas!.. J'étais comme un chat entre deux melettes (1)... A présent, je connais l'ouvrage... Boire & chanter... & recevoir d'argent pour ça... V'là une place d'où je me ferai jamais mettre à la porte.

Bonnard entre chez lui avec Chalamel. Les autres chantent & dansent.

FIN DE TU CHANTERAS, TU NE CHANTERAS PAS (2).

---

(1) *Melette*; débris de mouton que les tripiers préparent, & vendent pour le régal des chats.

(2) Le théâtre de Guignol a un grand nombre de pochades & de petits tableaux populaires qui se jouent habituellement comme lever de rideau. *Tu chanteras* & les deux pièces suivantes ont été choisies parmi les plus anciennes de cette catégorie.

L'ENROLEMENT

PIÈCE EN UN ACTE

PERSONNAGES

GUIGNOL, *jeune savetier.*
GNAFRON, *savetier.*
MADELON, *sa fille.*
HUBERT, *sergent recruteur.*

L'ENROLEMENT

PIÈCE EN UN ACTE

Une place publique.

SCÈNE PREMIÈRE.

GUIGNOL, seul.

Qu'a donc le père Gnafron? Je lui ai demandé sa fille Madelon en mariage; il m'avait promis, & v'là que depuis quéques jours il me conte de gandoises que je n'y comprends goutte... Il dit qu'il a toujours eu envie d'un gendre qu'aye été fordat... qu'un homme que n'a pas fervi n'a pas rempli fon devoir envers fon pays... qu'un ancien milllitaire comme lui peut donner fa fille qu'à un vrai troupier...

Eſt-ce ma faute à moi, ſi j'ai pas été milllitaire?... J'ai été eſempté, parce que j'avais pas la taille... Je ſis petit, c'eſt vrai, mais je ſis rageur, & je ſaurai ben comme un autre faire porter reſpect à ma femme... Et puis, lui, il dit qu'il a été militaire... Je ſais pas dans quel régiment il a ſervi... En tout cas c'eſt pas dans la marine, il craint trop l'eau. Enfin, il me mitonne quéque choſe de pas drôle, & il faut que je ſoye ſur l'œil... Mais v'là Madelon... elle en ſait p't-être pus long que moi là-deſſus.

SCÈNE II.

GUIGNOL, MADELON.

GUIGNOL.

Bonjour, Mam'ſelle Madelon.

MADELON.

Oh! M. Guignol, bonjour; mais allez-vous-en, je vous prie... Mon père m'a défendu de vous parler; il ne veut plus de notre mariage.

GUIGNOL.

Mais qu'eſt-ce qui lui a donc pris à votre père? Il était ben conſentant y a quinze jours; à préſent c'eſt pus ça. Il vire donc comme un toton.

MADELON.

J'y comprends rien; il dit qu'il veut pas d'un gendre qui a pas ſervi.

GUIGNOL.

Oui ; il m'a déjà chanté cette romance... Tout ça me chagrine, voyez-vous, je deviens maigre comme un picarlat.

MADELON.

Je crois que je connais ses projets. Il veut me marier à Cadet, qui vient d'hériter de douze cents francs de sa tante Grifolet, qui est premier garçon au cabaret de Chibroc, & qui doit acheter le fonds.

GUIGNOL.

Ah ! c'est ça ; il irait souvent aider à son gendre à tirer le vin... Mais enfin il m'a promis à moi... & voyez-vous, Mam'selle Madelon, je tiens à sa promesse.

MADELON.

Moi aussi, M. Guignol.

GUIGNOL.

Hé ben ! c'est bon ; je le ferai appeler devant le bailli ; je lui demanderai des dommages-intérêts... Je connais un avocat qui le fera marcher.

MADELON.

Gardez-vous-en bien ! Y vaut mieux le prendre par la douceur.

GUIGNOL.

J'ai ben employé la douceur... je lui ai affez payé des chopines... Auffi, il peut pas fe dégager d'avec moi... Il m'a promis; il m'a tapé dans la main... c'eft facré, ça.

MADELON.

Je crois ben qu'il eft un peu embarraffé de la promeffe... Mais méfiez-vous, il arrange quéque manigance.

GUIGNOL.

Soyez tranquille, Madelon; je vais le foigner... J'ai comme ça l'air un petit peu bête; mais c'eft d'enfance, voyez-vous... j'ai oublié de l'être tout à fait.

MADELON.

Sauvez-vous, v'là mon père...S'il me voit avec vous, il me tapera.

GUIGNOL.

Je m'enfauve, Madelon; mais vous faites pas de mauvais fang... je ferai votre mari... Père Gnafron, je vous perds pas de vue.

MADELON, feule.

Pauvre garçon! comme il eft plus gentil que ce Cadet qu'eft toujours pochard, brutal & groffier comme pain d'orge!.. Je l'haïs, ce Cadet, je l'haïs.

SCÈNE III.

MADELON, GNAFRON.

GNAFRON.

Qué que tu fais là? Je suis sûr que tu attends Guignol... Si je te rattrape à lui parler...

MADELON.

Mais papa, qué qu'il vous a donc fait, Guignol? Y a quinze jours, vous me défendiez pas de lui parler.

GNAFRON.

Y passe de l'eau sous le pont en quinze jours... J'ai réfléchi... j'en veux pas, mille bombes! de ton Guignol... Un homme qui n'a pas servi, qui n'a jamais porté le mousquet!

MADELON.

Mais p'pa, vous m'aviez jamais dit que vous aviez été militaire; c'est donc vrai?...

GNAFRON.

Si j'ai été milllitaire!... malheureuse, tu en doutes!... Je ne l'ai pas été autant que je l'aurais voulu... Mais un canon ne m'a jamais fait peur.

MADELON, à part.

Oui, chez le marchand de vin.

GNAFRON.

Et d'ailleurs, j'ai manqué d'être sergent dans la garde nationale.

MADELON.

Enfin, vous lui avez promis, à Guignol... Vous avez donc point de parole?... Comment que vous ferez pour vous dégager?

GNAFRON.

C'est bon, c'est bon!... ça ne te regarde pas... Je lui ai promis, s'il me convenait... Mais il ne me convient pas. Par conséquence, file d'ici; va à ton ouvrage... & que je te voie plus avec Guignol... Sinon... je ne te dis que ça... gare les giroflées à cinq feuilles.

MADELON.

Allons donc, p'pa... un vieux milllitaire comme vous voudrait pas battre sa fille... un soldat frrrançais! (*Elle s'enfuit.*)

GNAFRON, la menaçant.

Atatends, atatends!

SCÈNE IV.

GNAFRON, seul.

Elle tient à son Guignol... qu'est ben un bon garçon, c'est vrai... mais trop gnioche (1), trop catole (2); ça ne fait pas se retourner... Et il n'a rien... Au lieu que Cadet a douze cents francs... & il est dans le commerce... le premier de tous les commerces, le commerce des vins... Enfin, il me va... J'ai fait la bêtise de promettre à Guignol... Mais j'ai tiré un plan qui est un peu finard... J'attends ici mon cousin, le sergent Hubert... un fameux lapin... S'il veut me prêter la main, avant huit jours je suis débarrassé de Guignol, & Cadet est mon gendre.

SCÈNE V.

GNAFRON, LE SERGENT.

LE SERGENT.

Je vous trouve au rendez-vous, papa Gnafron... Vous m'avez fait appeler. Je ne suis pas éloigné de croire que vous avez à me parler de quelque chose.

GNAFRON.

Vous avez deviné, sergent. V'là ce que c'est... Y a

---

(1) *Gnioche;* niais, imbécile.   (2) *Catole;* timide, stupide.

deux rivaux qui se disputent la main de ma fille : Cadet & Guignol. Je l'accorde à Cadet, parce qu'il a servi & qu'il a douze cents francs... Mais j'avais quasiment promis à Guignol, & je voudrais m'en débarrasser... Vous qu'êtes sergent raccoleur, pourriez-vous pas lui insinuer qu'il faut qu'il s'engage, que c'est le seul moyen d'avoir mon consentement?... Une fois engagé, vous le faites partir, & Madelon épouse Cadet.

LE SERGENT.

Papa Gnafron, vous êtes subtil... Et vous auriez fait un bon jardinier, je ne suis pas éloigné de le croire; car vous cultivez la carotte avec supériorité... Mais c'est assez chatouilleux, ce que vous me proposez là. Si l'on vient à savoir que je me suis mêlé d'une affaire aussi entortillée, je serai cassé.

GNAFRON.

Nous sommes cousins, Hubert. Il faut bien faire quelque chose pour sa famille... Cadet & moi nous serons généreux... D'ailleurs, Guignol est trop dadais pour qu'il vous arrive malheur... & c'est pour son bien à ce jeune homme. Si vous en faites un soldat, ça le dégourdira, mille-z-yeux !

LE SERGENT.

Vous êtes crânement persuasif, père Gnafron... Je parlerai à ce jeune serin.

GNAFRON.

Vous me rendez un vrai service.

LE SERGENT.

Ça n'ira p't-être pas tout seul. Il faudra que vous me veniez en aide. Ne vous éloignez pas...

GNAFRON.

Je vais faire tirer pot au cabaret de la mère Bonichon... Si vous avez besoin de moi, faites-moi signe... Tenez, voilà justement Guignol qui vient de ce côté... Travaillez-le aux oiseaux. (Il sort.)

SCÈNE VI.
GUIGNOL, LE SERGENT.

GUIGNOL, d'un air triste.

C'est donc vous qu'êtes là, sergent Hubert?

LE SERGENT.

Hé oui, corbleu!... Mais qu'as-tu donc, Guignol? Quel sinistre visage! Ah! jeune homme, je ne suis pas éloigné de croire que vous êtes tracassé par des peines de cœur.

GUIGNOL.

Hé ben! oui, sergent; je vous le confie à vous; mais

n'en dites rien dans le quartier, parce qu'on se moquerait de moi... Je devais me marier à Madelon, la fille du père Gnafron... Il me l'avait promise & v'là qu'à préfent il fe dédit... C'eft un moulin à vent c't homme... Ça me chagrine, ça me chagrine, voyez-vous, que je m'en cognerais le melon fur les cadettes (1) de la rue Saint-Georges... Mais quoi qu'il a donc, quoi qu'il a donc contre moi, ce vieux pochard ?

LE SERGENT.

Guignol, tu m'intéreffes... Je connais les motifs du refus de Gnafron ; il me les a dits, c'eft mon coufin... Je veux te les dévoiler & te donner les moyens de vaincre fa réfiftance... Le père Gnafron a fervi.

GUIGNOL.

Dans quel régiment? Dans les pompiers ?

LE SERGENT.

Je ne fuis pas éloigné de le croire. Dans tous les cas, vois-tu, il ne veut pas d'un clampin dans fa famille... Si tu tiens à être fon gendre, fais-toi foldat.

GUIGNOL.

Sordat pour de vrai ? Mais il faudra partir pour l'armée, & alors bonfoir le mariage.

(1) *Cadette;* dalle, trottoir.

LE SERGENT.

Non. Je te fais un engagement... une fois soldat, il ne peut te refuser sa fille... & le mariage conclu, je fais casser l'engagement par mes protections.

GUIGNOL.

Vous êtes un bon enfant, sergent... Mais qui me dit que c'est pas une frime du père Gnafron?...Je le connais c't homme, il va & vient comme une girouette.

LE SERGENT.

Il m'a dit lui-même qu'il te donnerait sa fille s'il te voyait une fois le mousquet sur l'épaule.

GUIGNOL.

Je me fie pas à ce qu'il dit.

LE SERGENT.

Corbleu! Est-ce qu'il voudrait se moquer de toi-z-et de moi?... Si cela était, mille bombes! mon sabre taillerait quelques boutonnières dans son individu... Il n'y a pas de cousin qui tienne... Ecoute ; parlons peu & parlons bien. Je vais appeler le père Gnafron... Tu te cacheras là ; je le ferai expliquer catégoriquement. Tu entendras tout ce qu'il dira. & tu sauras ensuite ce qu'il te reste à faire.

GUIGNOL.

C'est une bonne idée, sergent ; ça fait que vous me servirez de témoin, si y se dédit encore.

LE SERGENT.

Certainement.

GUIGNOL.

Faites-le parler, sergent... Je me cache. (*Il se place dans la coulisse.*)

LE SERGENT.

Cela marche à merveille ; le serin entre de lui-même dans la cage... Holà ! papa Gnafron, venez par ici.

SCÈNE VII.
LE SERGENT, GNAFRON, GUIGNOL, caché.

GNAFRON.

Qué qu'y a, sergent Hubert ?

LE SERGENT, bas à Gnafron.

Il est là ; il nous écoute... Répondez en conséquence à mes questions.

GNAFRON, de même.

Surficit... allez tout de go.

LE SERGENT, haut.

Ne m'avez-vous pas dit que le feul obftacle au mariage de Guignol, c'eft qu'il n'avait pas été foldat ? que s'il s'engageait, vous lui donneriez votre fille fans autres conditions ?

GNAFRON.

Certainement, je l'ai dit & je m'en dédis pas... Si Guignol était foldat, mille tonnerres! il aurait la colombe. Vous pouvez lui dire ça de ma part.

LE SERGENT.

C'eft bien, père Gnafron; vous êtes un vieux brave... C'eft tout ce que je voulais favoir... Au revoir!

GNAFRON.

Au revoir, fergent! (*Il fort.*)

SCÈNE VIII.

LE SERGENT, GUIGNOL.

GUIGNOL, arrivant précipitamment.

Sergent, je veux être foldat... tout de fuite, tout de fuite.

LE SERGENT.

Allons, jeune tourlourou, fuis-moi; je vais te faire

ton engagement & tu prendras ta première leçon d'exercice. Le cœur du père Gnafron, je ne suis pas éloigné de le croire, ne résistera pas à la vue de tes grâces & de ta facilité sous l'uniforme. (*Ils sortent.*)

SCÈNE IX.

GNAFRON, seul, entrant.

Ah! ah! ah! (*Il rit.*) Les voilà partis; le goujon a mordu à l'asticot... On n'en remontre pas au papa Gnafron... Allons finir la bouteille, & prévenir Cadet de se tenir prêt pour la noce. (*Il s'en va en riant.*)

SCÈNE X.

LE SERGENT, GUIGNOL, vêtu d'un uniforme ridicule : il a un bonnet de police, dont le gland lui tombe sur les yeux.

GUIGNOL.

Sergent, vous m'avez joliment ficelé tout de même... N'y a que ce machin d'en haut que me danse là devant le z'œil...

LE SERGENT.

Tu t'y feras... Allons, conscrit, à l'exercice! De la grâce & de la souplesse. D'abord, les talons sur la même ligne, & rapprochés autant que la conformation le permet; les pieds un peu moins ouverts que l'équerre, la ceinture effacée, le haut du corps en avant, (*Guignol se penche.*) la tête droite, (*Guignol se renverse.*) la ceinture effacée. (*Guignol se penche. Il le redresse.*) Attention donc, morbleu!

GUIGNOL.

Nom d'un rat! c'est pas facile.

LE SERGENT.

Les bras pendant naturellement, le petit doigt sentant la couture de la culotte, le menton rapproché de la cravate, sans la couvrir; les yeux à quinze pas devant toi.

GUIGNOL.

Comment est-ce que mes yeux peuvent être à quinze pas plus loin que moi?... Ils sont ben toujours dans ma tête.

LE SERGENT.

Cela veut dire qu'il faut regarder à quinze pas.

GUIGNOL.

Mais alors, sergent, mettez-vous donc un peu en arrière. Comment voulez-vous que je regarde à quinze pas, si vous êtes devant moi?

LE SERGENT.

Silence, conscrit.

GUIGNOL.

Avec ça y a ce machin qui me danſe devant le z'œil.

LE SERGENT.

Garde à vos! (*Guignol s'enfuit vivement.*) Hé bien, où vas-tu donc?

GUIGNOL.

Pardi, vous me dites de prendre garde à moi; je m'en ſauve.

LE SERGENT.

Mais, imbécile, garde à vos! c'eſt un terme d'avertiſſement. Je t'avertis.

GUIGNOL.

Avertiſſez-moi, ſergent... vous avez raiſon.

LE SERGENT.

Allons, peloton!

GUIGNOL.

Vous voulez un peloton?

LE SERGENT.

Quand je dis : peloton! c'eſt à toi que je parle.

GUIGNOL.

Je ne ſuis ni en fil ni en laine.

LE SERGENT.

C'est comme si je parlais à vingt hommes; tu sauras ça... Il faut maintenant apprendre à marcher. Nous allons partir du pied gauche... Pied gauche, en avant! marche! (*Guignol se baisse.*) Qu'est-ce que tu regardes?

GUIGNOL.

Vous dites de partir du pied gauche... Je regarde où il est, le gauche.

LE SERGENT.

Hé bien! c'est celui-ci... Ah ça, tu ne connais donc pas ta main droite d'avec ta gauche?

GUIGNOL.

Comment voulez-vous qu'on les connaisse? Elles sont ben faites l'une comme l'autre.

LE SERGENT.

Quelle faible intelligence! C'est un homme à former totalement. Voyons, au commandement de Marche! vous portez vivement le pied gauche en avant, le jarret tendu, la pointe du pied un peu baissée & légèrement tournée en dehors, ainsi que le genou; vous balancez le corps sans raideur sur la jambe droite; vous abaissez la jambe gauche & portez la jambe droite en avant, & ainsi successivement, jusqu'au commandement de Halte! (*Il le fait marcher en le prenant par le milieu du corps.*) Pas accéléré; en avant, marche! gauche! droite! gauche! droite! halte!

GUIGNOL.

Ça m'ennuie, fergent. N'allons-nous pas bientôt à la gamelle?

LE SERGENT.

On ne parle pas fous les armes. Maintenant, tu vas faire par le flanc droite & par le flanc gauche. Attends, je vais te chercher ton arme.

GUIGNOL.

C'eft pas amufant d'être militaire... C'eft donc pas encore fini?

LE SERGENT.

Cinq minutes feulement. Voilà ton arme. (*Il lui donne un bâton.*)

GUIGNOL.

Vous appelez ça une arme... c'eft un éventail à bourrique.

LE SERGENT.

C'eft pour figurer le moufquet... Quand je te dirai par le flanc droite, droite, tu tournes de ce côté. (*Il le fait tourner.*) Quand je te dirai par le flanc gauche, gauche, de celui-là.

GUIGNOL.

Vous me bouliguez trop, fergent.

LE SERGENT.

Voyons, y es-tu ? Tiens bien ton arme.

GUIGNOL.

Oui, ma tavelle ; j'y fuis.

LE SERGENT.

Silence ! Par le flanc droite, droite !

GUIGNOL.

V'là. (*Il fe tourne lentement.*)

LE SERGENT.

Tu n'attraperas pas un chaud & froid, en allant comme ça.

GUIGNOL.

Je penfe ben... Je les crains, les chaud & froid.

LE SERGENT.

Allons, plus vivement ! Par le flanc gauche, gauche !

GUIGNOL.

Vivement ! (*En fe tournant, il frappe le fergent de fon bâton.*)

LE SERGENT.

Aïe! prends donc garde, imbécile!

GUIGNOL.

Gauche! droite! gauche! droite! (*Il frappe encore le sergent.*)

LE SERGENT.

Tu me frappes encore, conscrit!

GUIGNOL.

C'est que c'est pas facile à tenir ce mousquet. (*Il laisse tomber son bâton sur le nez du sergent.*)

LE SERGENT.

Ah ça, dis donc, Guignol; tu me fais l'effet d'un farceur, je ne suis pas éloigné de le croire.

GUIGNOL.

Vous l'êtes pas farceur, vous, sergent... Je connais p't-être pas votre manigance avec le père Gnafron.

LE SERGENT.

Que veux-tu dire?

GUIGNOL.

Vous m'avez pris pour un jeune serin... Mais deux vieux merles comme vous m'attraperont pas.

LE SERGENT.

Guignol, pas de propos incohérents.

GUIGNOL.

Fâchez pas, fergent... vous croyez ben m'avoir engagé... Hé ben, j'ai pas figné de mon nom, & c'eft un papier que te peux mettre aux équevilles... A préfent, fi vous dites quéque chofe, fergent, je vas tout raconter à votre capitaine... & gare la falle de police... & ce qui s'enfuit, je-ne-fuis-pas-éloigné-de-le-croire.

LE SERGENT.

Ah! Guignol, pas de bêtifes! fois bon enfant.

GUIGNOL.

Je fuis bon enfant... mais à préfent, fergent, y faut paffer de mon côté, & me donner un coup de main contre le père Gnafron pour mon mariage.

LE SERGENT.

Allons, allons, tu m'intéreffes beaucoup. Tope là ; je fuis avec toi... que faut-il faire ?

GUIGNOL.

Vous allez voir... Juftement, v'là Gnafron... Peloton, alignement, pas accéléré, halte !

SCÈNE XI.
LES MÊMES, GNAFRON.

GUIGNOL : Il fait mine d'être un peu ivre.

Oui, fergent, mille bombes! mille tonnerres! que c'eft cannant d'être milllitaire, corbleu! faperjeu!

GNAFRON.

Comment, Guignol, c'eft toi qui fais tout ce tapage!

GUIGNOL.

Ah! père Gnafron, c'eft vous; topez là! (*Il lui prend la main & la fecoue.*) Ça m'enflamme de voir un vieux brave comme vous.

GNAFRON.

Comme te v'là dégourdi!

GUIGNOL.

Oh! n'y a rien qui décatole un jeune homme comme l'uniforme... Hé bien! voyons, vétéran; à quand mon mariage avec votre fille? Demain? aujourd'hui? Me v'là fordat.

GNAFRON.

N'y a rien qui preffe... Il faut que tu faffes ton fervice... nous verrons après.

GUIGNOL.

Comment, père Gnafron, vous barguignez encore!...
Je n'entends pas la plaisanterie, mille-z-yeux!

GNAFRON.

Que veux-tu dire?

GUIGNOL.

Je veux dire que vous avez promis, & encore devant
le fergent, que fi je me faifais fordat, vous me donneriez
votre fille, fans autres conditions... Me v'là fordat; il me
faut Madelon... ou bien, vous favez, entre milllitaires,
comment fe traitent les affaires.

GNAFRON.

Pefte! l'uniforme l'a trop dégourdi.

GUIGNOL.

Allons, faut s'aligner.

GNAFRON.

Mais, fergent, que dit-il donc là?

GUIGNOL.

Le fergent nous fervira de témoin.

LE SERGENT.

Ce jeune homme a raifon; c'eft une affaire d'honneur.

GNAFRON, bas au fergent.

Vous ne le faites donc pas partir, coufin ?

LE SERGENT, de même.

Que voulez-vous, il a obtenu un congé... par des protections.

GUIGNOL, qui eft allé chercher des fabres, en préfente un à Gnafron.

Père Gnafron, v'là des lardoires; faut s'embrocher.

GNAFRON, emu.

Farceur, tu... tu... veux rire.

GUIGNOL.

Pas du tout... Faites voir votre talent au briquet, papa. Moi, j'ai pris une première leçon tout à l'heure; c'eft une bonne occafion pour répéter.

LE SERGENT.

Allons, Meffieurs, en garde! faluez-vous.

GNAFRON.

Un m'ment, un m'ment! Je ne fuis pas un Bédouin, pefte!... Qu'eft-ce que je voulais, moi? Savoir fi Guignol était un brave... Hé bien! je le fais à préfent... Guignol, la main de ma fille eft à toi.

LE SERGENT.

Voilà qui est bien parler.

GUIGNOL.

A la bonne heure! Entre vieux de la vieille, on parvient toujours à s'entendre... Votre main, papa beau-père!

SCÈNE XII.
LES MÊMES, MADELON.

MADELON.

Papa, v'là Cadet qui vous demande... Il dit qu'il vient chercher votre réponse.

GNAFRON.

Hé bien! dis-lui de repasser demain... un peu tard.

GUIGNOL.

Non, Madelon, invite-le à notre noce.

MADELON.

Est-ce que c'est vrai, mon père, ce que dit Guignol?

GNAFRON.

Oui, oui, ma fille; Guignol est un brave, je te le donne pour mari.

MADELON.

Oh! quel bonheur! quel bonheur!

GNAFRON, bas à Guignol.

Mais, enfin, dans quel régiment t'es-tu donc engagé?

GUIGNOL, de même.

Dans le régiment où vous avez gagné vos galons.

GNAFRON, à part.

Il m'a fait aller... mais c'eſt égal, c'eſt le gendre qu'il me fallait... (*Avec un ſoupir.*) Cadet n'avait pour lui que ſon commerce.

GUIGNOL.

Commençons la noce tout de ſuite... Sergent, vous en êtes... c'eſt à vous de commander la manœuvre.

LE SERGENT.

Volontiers... Peloton, alignement, par file à gauche, en avant, marche!

Ils s'en vont tous en chantant.

FIN DE L'ENROLEMENT (1).

---

(1) Il n'y a que des analogies éloignées entre notre pièce & l'*Enrôlement ſuppoſé*, comédie de Guillemain, jouée au théâtre des Variétés amuſantes en 1781, & remiſe au théâtre de la Cité Variétés en 1797.

LA RACINE MERVEILLEUSE

PIÈCE EN UN ACTE

PERSONNAGES :

M. JÉROME MOUTON.
GUIGNOL, *tailleur.*
MADELON, *femme de Guignol.*
GNAFRON, *cousin de Guignol, savetier.*

LA RACINE MERVEILLEUSE
PIÈCE EN UN ACTE.

Une place publique.

SCÈNE PREMIÈRE.

MOUTON, seul.

Me voilà donc de retour dans mon cher Lyon!... Mon cœur bat, en se retrouvant dans ce quartier, où je suis né, où j'ai passé mon enfance... Il me semble que je vais revoir tous mes anciens camarades... mais, hélas! c'est une illusion. Que de changements déjà j'ai remarqués dans les rues, dans les maisons, dans l'apparence extérieure de toutes choses!... Des démolitions de ce côté, de nouveaux bâtiments de l'autre... ainsi va la vie... Mais les hommes vieillissent encore plus vite que leurs demeures. Combien de mes amis sont absents, peut-être morts! Combien m'ont oublié & ne me reconnaîtront plus!... A mon départ pour la Martinique, j'avais un domestique nommé Guignol, un brave garçon qui m'était fort attaché... très-fidèle & assez bavard. Je voudrais bien le retrouver... Mieux que personne il me donnerait sur mes anciennes connaissances des renseignements que je désire beaucoup... Il faut que je m'informe de ce qu'il est devenu.

SCÈNE II.

MOUTON, GNAFRON.

GNAFRON entre en chantant :

A boire! à boire! à boire!
Nous quitterons-nous sans boire?

MOUTON.

Voici un gaillard qui a l'accent du quartier... c'est mon affaire. (*A Gnafron.*) Dites-moi, mon ami... Mais je ne me trompe pas : c'est Gnafron, le cousin de Guignol.

GNAFRON.

M'sieu... Oh! saperlotte! M'sieu Mouton! Comment? c'est vous par ici?... Ça me fait bien plaisir de vous voir... Vous voilà donc revenu de la Marchinique... Ça a-t-y marché là-bas comme vous vouliez?

MOUTON.

Oui, mon cher Gnafron; je reviens riche & heureux; je reviens pour me fixer tout à fait à Lyon & y finir mes jours... Et vous, Gnafron, comment faites-vous vos affaires?

GNAFRON.

Hé! M'sieu Mouton, ça n'a guère changé depuis vous... Toujours médecin de la chaussure humaine... Quand y a du travail, on le fait; & quand y a un coup à boire avec les amis, on le boit.

MOUTON.

Parmi vos amis, vous aviez mon ancien domestique, Guignol... Qu'est-il devenu, ce brave garçon?

GNAFRON, tristement.

Oh! m'en parlez pas... il est mort!

MOUTON.

Mort! si jeune!... Oh! cela me fait beaucoup de peine.

GNAFRON.

Quand je dis mort, c'est par manière de parler; mais c'est tout comme... Il s'est marié... il est mort pour la société... Il a pris une femme méchante, mais méchante, qu'on peut pas dire comment... un tigre, un cocodrille, un rhinoféros, quoi!... Elle le mène, faut voir... Elle le laisse pas sortir, elle ne veut plus que je le fréquentasse... Elle le bat, M'sieu Mouton! & dans le quartier, à ce carnaval, on voula.. ' promener sur l'âne (1)... C'est lui qui fait le ména... il balie la maison, il décrasse le petit & ce qui s'... il ratisse les légumes, il écume l'onde du pot au f... , il ... à la plate & il tricotte... Enfin, ça n'est plus un homme.

MOUTON.

C'est fort triste, cela... Je voudrais bien le voir... Dites-lui, je vous prie, que je suis ici, que je le demande.

GNAFRON.

Ah! ouiche! D'abord j'entre plus chez lui... son dogue me sauterait aux yeux... Puis il sort pas sans la permission de sa femme, qui lui permet jamais.

MOUTON.

Mais il n'est pas possible de laisser un honnête homme passer sa vie ainsi... Il faut lui rendre le courage... lui donner un bon conseil... C'est un service que vous lui devez, vous son ami, son cousin.

---

(1) L'usage de promener sur un âne les maris qui se laissaient battre par leurs femmes est attesté pour Lyon par de nombreux témoignages. Il existe deux récits folennels de ces *chevauchées*; l'un de 1566, l'autre de 1598. La dernière édition qui en ait été donnée est le *Recueil des chevauchées de l'asne faites en 1566 & 1598, augmenté d'une complainte du temps, par les maris battus par leurs femmes*. Lyon, Scheuring. 1862.

SCENE II.

GNAFRON.

Je lui ai bien déjà parlé, mais il est sourd... D'ailleurs, je peux plus l'approcher... Ce n'est que d'hasard que je lui donne quéquefois une poignée de main... & ça me met la larme à l'œil de le voir devenu si panosse (1).

MOUTON.

Ecoutez, Gnafron : il faut le tirer de là, & pour cela employer la ruse... Tâchez de le voir & parlez-lui de moi... Dites-lui que je suis arrivé, que je loge à l'hôtel de l'Europe, que je le prie de venir m'y voir... Dites-lui aussi que j'ai apporté de l'Amérique une racine merveilleuse qui rend douces comme des agneaux les femmes les plus méchantes... S'il vous demande des explications, montrez-lui un bon bâton & dites-lui que je lui apprendrai à s'en servir... Guignol est d'un caractère faible, mais il n'est pas sot... il avait confiance en moi; il vous comprendra.

GNAFRON.

Je sais pas si nous riussirons.

MOUTON.

Tenez, Gnafron, voilà quarante francs; vous boirez à ma santé. Si vous m'amenez Guignol, je vous en donnerai autant & nous déjeunerons tous trois ensemble...

---

(1) *Panosse;* lâche, sans énergie.

Adieu !... Vous n'oublierez pas... je fuis à l'hôtel de l'Europe.

GNAFRON.

Oui, oui, je fais... l'hôtel de l'Urope... J'y ai un ami... qui relave la vaiffelle.

MOUTON.

Au revoir! (*Il fort.*)

SCÈNE III.

GNAFRON, puis MADELON.

GNAFRON.

C'eft pas facile ça qu'il demande, le p'pa Mouton... J'aimerais autant entrer dans la cage d'un ours blanc que chez c'te femme... Cependant j'ai reçu l'argent... faut faire l'ouvrage... Effayons au moins. (*Il frappe chez Guignol.*) Guignol! Guignol! defcends donc un m'ment; on veut te parler.

GUIGNOL, de l'intérieur.

Qu'eft-ce qui chapote?

GNAFRON.

Bon! il y eft.

MADELON, de l'intérieur.

Qui qui vient dérangeaſſer mon homme de ſon ouvrage?... Attendez un m'ment! on y va.

GNAFRON.

Peſte! c'eſt la couſine!... Soyons ſolide & ruſé.

MADELON, entrant.

Ah! c'eſt vous, donneur de mauvais conſeils, gueux, pillandre, ivrogne, qui me feſiez battre les autres fois par Guignol... Canaille que vous êtes... que venez-vous encore faire ici?... Débarraſſez-moi le plancher... & à la courſe.

GNAFRON.

Couſine, pas d'emportement!... attendez de ſavoir ce qui m'amène... Je viens vous inviter à déjeuner à trois francs par tête.

MADELON.

Vous venez encore pour me dérangeaſſer Guignol, le mener au cabaret, le faire boire... vous me le rendrez pochard, ce ſoir ou demain matin.

GNAFRON.

Mais, couſine, je vous invite tous les deux... c'eſt un déjeuner de famille... tout ce qu'y a de plus comme y faut. Tenez, regardez voir ces petits jaunets. (*Il lui*

montre des pièces d'or.) V'là des jolis taillons de paſtonnade (1).

MADELON.

C'eſt différent; je vais prendre mon châle. (*Elle ſort & revient avec un bâton.*)

GNAFRON, à part.

Ça va! elle a bien donné dedans, la couſine!.. Je vais les faire boire; Madelon ne craint pas le néquetar de Bacchus... Au deſſert, nous partons avec Guignol, nous la laiſſons en plan & nous allons rejoindre le p'pa Mouton.

MADELON, le frappant.

Ah! brigand! canaille! Tiens! tiens!

GNAFRON.

Aſſez, couſine, vous me faites mal. (*Il ſort.*)

SCÈNE IV.

MADELON, ſeule.

Le gueuſard! il voulait m'emmener Guignol... Il me croyait donc bien peu d'aime (2)... Je les connais, ces ſcélérats d'hommes; je ſais comment il faut les mener...

---

(1) *Paſtonnade;* racine jaune.   (2) *Aime;* eſprit, intelligence.

Autrement on ferait plus malheureufe que les pierres du Gourguillon... Je lui ai donné une leçon qui lui cuira... Mais ça m'a émuée tout de même ; je me fens befoin de prendre quéque chofe. Je m'en vas aller chez la voifine l'épicière qui me donnera une goutte de caffis ou de moldavie... Avec tout ça, ne laiffons pas mon homme fans rien faire... faut lui tracer fon ouvrage. (*A la cantonnade.*) Guignol ! (*On entend Guignol répondre d'une voix faible : Femme !*) Je fors... Pendant que j'y fuis pas, te feras le ménage, te mettras du fel à la foupe & t'auras bien foin que la marmite répande pas... Décraffe le petit & n'oublie pas la pâtée de ce pauvre Minet... (*Voix de Guignol : Oui, femme !*) Te n'iras pas à la plate aujourd'hui... Sois bien fage... en revenant je t'apporterai un fou de noifettes... Allons chez la voifine. (*Elle fort.*)

SCÈNE V.

GNAFRON, puis GUIGNOL.

GNAFRON, feul.

Elle eft fortie... Ah ! la gredine !... comme elle m'a aplati le melon !... je crois qu'il eft un peu fêlé & j'y vois tout trouble... Sois tranquille, coufine, je te revaudrai cette dégelée. (*Il appelle.*) Guignol ! Guignol !

GUIGNOL, à la fenêtre.

C'eft toi, Gnafron... Va-t-en, va-t-en ! Ma femme

veut pas que je te fréquente; elle dit comme ça que te me perds.

GNAFRON.

Imbécile ! elle t'a rendu bien gentil, ta femme... Si te savais comme on te traite dans le quartier... Avance ici, j'ai à te parler.

GUIGNOL, de même.

Je defcends. (*Il entre.*)

GNAFRON.

Te fais bien, ton ancien maître, M. Mouton... il eft revenu de la Martchinique.

GUIGNOL.

M. Mouton ! vrai, te l'as vu ?

GNAFRON.

Certainement... & il voudrait te voir auffi; il a à te parler.

GUIGNOL.

Madelon me donnera pas la permiffion.

GNAFRON.

C'eft ce que je lui ai dit... & j'ai dit auffi que ta femme était un vrai diable qui te laiffait plus voir tes amis... qui te faifait faire fon ouvrage... & qui te battait.

GUIGNOL.

Qué qu'il a dit?

GNAFRON.

Il s'est moqué de toi... Il a dit que c'était pas croyable... qu'on était pas un homme, quand on se laissait mener comme ça.

GUIGNOL.

Je voudrais bien le voir à ma place.

GNAFRON.

Alors il m'a dit qu'il avait apporté d'Amérique une racine merveilleuse qui rend douces comme des petits agneaux les femmes les plus enragées.

GUIGNOL.

Tais-toi donc; j'en mets dans le bouillon gras, des paquets de racines de toute sorte... Ça ne lui fait rien.

GNAFRON.

Ça n'est pas de la bonne... Il m'en a donné une plante, de sa racine de l'Amérique... Attends-moi, je vais la chercher. (*Il sort.*)

GUIGNOL, seul.

Qué qu'il me chante donc avec sa racine?... Bah! Madelon dira ce qu'elle voudra... j'ai bien envie d'aller voir mon ancien maître... J'irai.

GNAFRON, rentrant avec un bâton.

Tiens! v'là ce que c'eſt.

GUIGNOL.

Ah! je connais ça... une clarinette à faire danſer les ours! Te ſais bien que le médecin m'a défendu de la remoucher, parce qu'elle prenait des criſes de nerfes.

GNAFRON.

M. Mouton m'a appris à s'en ſervir, de ſa racine.

GUIGNOL.

Ça ſe prend-y en infuſion?

GNAFRON.

Non, on en fait des applications... Y a des paroles pour la faire marcher... Vois-tu; te ſinifieras à ta Madelon que te veux aller voir ton ancien maître. Elle ſe fâchera, elle criera; te lui diras tranquillement : Femme, connais-tu la racine d'Amérique?

GUIGNOL.

Ah! (*Il répète.*) Femme, connais-tu la racine d'Amérique?

GNAFRON.

Elle continuera; alors te la lui fais voir, & te lui dis encore tout tranquillement, avec un petit balancement : Femme, voilà la racine d'Amérique!

GUIGNOL.

Bon! (*Il répète.*) Femme, voilà la racine d'Amérique! avec un petit balancement.

GNAFRON.

Possible que sur ce mot elle te tape.

GUIGNOL.

Ça va sans dire.

GNAFRON.

Alors te lui dis comme ça : Femme, prends un peu de la racine d'Amérique! & grrrand balancement. (*Il frappe Guignol.*)

GUIGNOL.

Ouf! t'appuies trop fort.

GNAFRON.

C'est pour mieux te faire entrer la chose dans la tête.

GUIGNOL.

Ça n'est tout de même pas trop nigaud... Mais j'aurais besoin de m'essayer un peu à l'avance.

GNAFRON.

Allons, essaye-toi.

GUIGNOL.

Comment qu'y faut dire?

GNAFRON.

Je vas te souffler... Tiens, prends la racine. (*Il lui donne le bâton.*)

GUIGNOL.

Attends! fais comme si tu étais Madelon... je dirai les paroles.

GNAFRON.

Ça va... (*Il imite la voix de Madelon.*) Ah! t'es là, canaille... te n'as pas fini ton ouvrage... Que fais-tu là à te bambaner dans la rue?

GUIGNOL.

Je sors pour aller voir mon ancien maître, M. Mouton.

GNAFRON, de même.

Sortir! Je te le défends, entends-tu?

GUIGNOL.

Femme, connais-tu la racine d'Amérique?

GNAFRON.

Bien... (*Avec la voix de Madelon.*) Qué que c'est que cette mère Ique? Quéque cabaret où te veux aller soiffer avec des petits sujets comme toi!

GUIGNOL.

Femme, voilà la racine d'Amérique! Petit balancement!

SCENE V.

GNAFRON.

Bravo!... (*Avec la voix de Madelon.*) Ah! pillandre, v'là comme te me traites... Touche-moi donc, pendard, poliſſon!... Ici elle te donne une mornifle. (*Il lui donne un ſoufflet.*)

GUIGNOL.

Faut pas te gêner.

GNAFRON.

Nous répétons avec les acceſſoires. Va donc.

GUIGNOL.

Voilà... Femme prends un peu de racine d'Amérique! Grrrand balancement! (*Il frappe Gnafron.*)

GNAFRON.

Tape donc pas ſi fort... je ſuis pas Madelon pour de vrai.

GUIGNOL.

C'eſt pour te faire ſentir comme ça m'eſt bien entré dans la tête.

GNAFRON.

Allons, ſi te frappes d'aplomb comme ça, t'es ſûr de radoucir Madelon & de lui guérir ſes nerfes... Mais la v'là, attention!

GUIGNOL.

Ma femme! Ah diantre! Si elle prenait à son tour cet éventail pour me rafraîchir.

GNAFRON.

Tais-toi donc, grand bête! Te fais à présent les paroles & l'air de la danse... courage! M. Mouton t'attend. Je me mets de côté... aux premières places... pour voir la comédie & le ballet. (*Il se place dans la coulisse.*)

SCÈNE VI.

GUIGNOL, MADELON, GNAFRON CACHÉ.

MADELON, à la cantonnade.

Merci, voisine! (*Entrant.*) Ce que c'est que d'avoir affaire à des gens de la bonne société ; l'épicière n'a pas voulu que je payassasse. (*Elle voit Guignol.*) Ah! comment! Guignol ici, dans la rue! Je peux donc pas sortir un m'ment sans que te fasses des tiennes, gredin! Est-ce que ta place est ici? Ton ouvrage n'est pas faite bien sûr... A la maison! vite!

GUIGNOL, tremblant.

Je sors, je vais me promener.

MADELON.

Te promener, pendard! sans moi? Où as-tu pris la permission?

SCENE VI.

GUIGNOL.

Femme, connais-tu la racine d'Amérique?

MADELON.

Qué que c'est que cette mère lque? Dis-lui donc qu'elle vienne me parler ici !

GUIGNOL.

Femme, voilà la racine d'Amérique !

MADELON.

Ah scélérat ! après toute la peine que je me suis donnée, te n'es pas encore corrigé... Te me menaces... Touche-moi donc, si te l'oses. (*Elle lui donne un soufflet.*)

GUIGNOL.

Femme, prends un peu de racine d'Amérique. (*Il la frappe.*)

MADELON.

A l'assassin !.. Au secours, au secours !.. Je prends mes crises, je prends mes crises. (*Elle tombe sur la rampe.*)

GNAFRON, sortant de sa cachette.

Chapote, Guignol; va toujours. (*Il saute de joie.*) La racine d'Amérique est fameuse pour les nerfs.

MADELON, se relevant.

Tu as là ton brigand de cousin pour t'appuyer... Attends, scélérat! (*Elle parvient à s'emparer du bâton & frappe Guignol.*) Tiens, tiens!

GNAFRON.

Allons, Guignol, v'là le moment... Reprends l'éventail... T'es perdu, si c'est toi qui te laisses bassiner à la racine d'Amérique... Courage donc, grand canard!

GUIGNOL.

Femme, finis donc.

MADELON.

T'en as pas assez... Tiens, tiens!

GUIGNOL.

Ah! ça me chatouille trop!.. Te ne veux pas finir? (*Il reprend le bâton & la bat.*)

GNAFRON.

Bravo! bravo!...

MADELON.

Aïe! aïe! je me trouve mal, mes nerfs, mes nerfs!.. (*Elle tombe.*)

GUIGNOL.

Tes nerfs te gênent pas pour me taper. (*Il continue.*)

SCÈNE VI.

MADELON, se relevant.

Assez, assez, mon chéri, mon benjamin... ne chapote plus... je te laisserai sortir.

GNAFRON.

Ça marche, ça marche.

MADELON.

C'est vous, galopin, qui lui avez donné ce conseil... Je vous arrache un œil.

GNAFRON.

Guignol, elle me graffigne; elle me crève un quinquet.

GUIGNOL, la menaçant.

Femme, veux-tu encore un peu de racine d'Amérique?

MADELON.

Non, mon chéri; c'est fini, je suis tranquille.

GUIGNOL.

Il faut que j'aille voir mon ancien maître, M. Mouton, qui me fait demander.

MADELON.

Hé bien! va... mais ne rentre pas tard.

GUIGNOL.

Ça me regarde... & c'eſt pas tout, Madelon... Te dois avoir d'argent, y m'en faut... Si M. Mouton me fait une politeſſe, faut que je puiſſe lui la rendre.

MADELON, avec peine.

Tiens, mon Guignol; v'là cent ſous.

GUIGNOL.

A préſent, c'eſt moi qui dois être le maître dans la maiſon, comme de juſte... Te feras le ménage, te balieras la chambre... Mon dîner ſera toujours prêt quand je rentrerai; t'auras ſoin du petit & de minet...

MADELON.

Mais te ſais bien que ça me fatigue... le médecin l'a dit.

GUIGNOL.

Femme, veux-tu encore un peu de racine d'Amérique?

MADELON.

No..., mon bijou... je ferai le ménage... te feras conten...

SCENE VI.

GNAFRON.

Douce comme un petit mouton.

GUIGNOL.

Gnafron, c'eſt ben vrai qu'elle eſt marveilleuſe cette racine d'Amérique... Je la prêterai dans le quartier.

GNAFRON.

Te peux la louer... on t'en donneras cher de location.

GUIGNOL, à Madelon.

Femme, nous allons trouver M. Mouton; rentre à la maiſon, & que tout ſoit prêt quand je reviendrai... Pas accéléré!

MADELON entre, puis reſſort.

Ah! gredin!

GUIGNOL, la menaçant.

Madelon!..

MADELON.

Je rentre, je rentre.

SCÈNE VII.
LES MÊMES, M. MOUTON.

MOUTON.

Hé bien! mes amis; on est ici sous les armes.

GUIGNOL.

Ah! M. Mouton, votre racine d'Amérique est la huitième marveille du monde.

MOUTON.

Le remède est au moins à la portée de toutes les bourses.

MADELON.

Comment, c'est vous, M. Mouton, qui m'avez changé mon mari comme ça?

MOUTON.

Ne vous en plaignez pas, Madame Guignol. Rien ne va droit dans un ménage, quand ce n'est plus le maître qui commande... Et puis, croyez-moi, votre mari ne fera jamais mieux vos volontés que lorsqu'il croira faire les siennes... Mes amis, je viens vous chercher pour déjeuner avec moi... Vous ferez votre traité de paix le verre en main, & vous me donnerez les nouvelles du quartier.

GUIGNOL.

Volontiers, M. Mouton... Allons, Gnafron, la petite chanſon !

Ils s'en vont en chantant (1).

(1) Peu de pièces ont été plus ſouvent jouées & plus applaudies au théâtre Guignol que ce petit tableau d'économie domeſtique. On doit le compter dans le répertoire de Mourguet grand'père ; car ſi l'on n'eſt pas certain qu'il en ſoit l'auteur, on peut affirmer au moins qu'il l'a joué dans un texte fort rapproché de celui-ci, & l'on y retrouve toute ſa manière. C'eſt là, au reſte, un ſujet qu'ont mis en ſcène les théâtres de tous les temps & de tous les peuples. Une farce du XV° ſiècle, la *Farce du Pont aux aſnes*, donnait à nos aïeux, ſous une forme également vive & originale, les mêmes leçons de politique conjugale. Dans cette pièce, un mari dont la femme a un fort mauvais caractère & ſe refuſe à faire le travail de la maiſon, va trouver un ſavant pour lui demander conſeil ſur la réformation de ſon ménage. A l'expoſé détaillé de ſes tribulations, meſſire Dominède répond conſtamment :

« *Vade, tenés le Pont aux aſgnes.* »

Le mari va au *Pont aux aſgnes* : il y voit un bûcheron qui, après avoir vainement adreſſé à ſon âne les exhortations les plus engageantes, pour le décider à paſſer le pont, prend un bâton, & détermine promptement l'animal par ce nouveau moyen à franchir le paſſage. Le mari a compris le conſeil de meſſire Dominède ; il rentre chez lui & applique dans ſon ménage la doctrine du Pont aux aînes avec le plus brillant ſuccès.

FIN DE LA RACINE MERVEILLEUSE.

LE CHATEAU MYSTÉRIEUX

PIÈCE EN DEUX ACTES

PERSONNAGES

LE MARQUIS DE SÉNANGES.
LÉONCE DE SÉNANGES, *son fils*.
ALFRED DE SÉNANGES, *son neveu*.
GUIGNOL, *domestique d'Alfred*.
LE COMTE DE HAUTEPIERRE.
EDITH, *sa fille*.
ZISKA, *négresse, suivante d'Edith*.
ANTOINE, *vieux domestique*.

LE CHATEAU MYSTÉRIEUX

PIÉCE EN DEUX ACTES

ACTE I.

Un village. — L'entrée du château de Sénanges.

SCÈNE PREMIÈRE.

LE MARQUIS, seul.

COMME les ans s'enfuient avec rapidité! Mon fils Léonce atteint aujourd'hui sa vingt-cinquième année, & c'est aujourd'hui même que je dois le marier avec la fille de mon ami le comte de Hautepierre... Etrange promesse que j'ai faite là!.. Obligé de quitter la France, le comte a amassé une grande fortune aux colonies. Il en eſt revenu avec ſa fille Edith, & comme il a été fort éprouvé, il eſt auſſi fort bizarre... Sa fille, dont le viſage eſt toujours couvert d'un voile épais, devait avoir dix-huit ans accomplis le jour où mon fils Léonce en aurait vingt-cinq. Il m'a fait jurer que nous les marierions, ſans que ces jeunes gens ſe ſoient jamais vus, ſans qu'ils ſe ſoient jamais parlé... J'ai dû promettre... Aux termes du teſtament de notre aïeul commun, il faut que tous les cent ans au moins un de Sénanges épouſe une de Hautepierre; à défaut de quoi les deux terres & les deux châteaux vont à la branche collatérale. Le ſiècle s'eſt preſque écoulé ſans que l'union preſcrite par notre aïeul ait eu lieu... Il fallait faire le bonheur de nos enfants, bon gré, mal gré... Les conſulter, c'était s'expoſer à tout perdre... Ils pouvaient ſe déplaire... Enfin, ma parole eſt donnée, & la promeſſe d'un gentilhomme ne doit jamais faillir.

SCÈNE II.

LE MARQUIS, LÉONCE.

LÉONCE.

Mon père, vous n'êtes pas encore équipé. Nous arriverons trop tard; la chaſſe ſera commencée.

LE MARQUIS.

Cette partie de chaſſe n'eſt pas poſſible, Léonce. Vous

avez aujourd'hui bien d'autres affaires; vous allez vous marier.

LÉONCE.

Me marier!

LE MARQUIS.

Aujourd'hui même.

LÉONCE.

Aujourd'hui! & avec qui?

LE MARQUIS.

Avec la fille de mon ami de Hautepierre.

LÉONCE.

Avec cette jeune fille dont perfonne n'a jamais vu le vifage & qui habite ce château myftérieux où perfonne ne pénètre? Cela n'eft pas poffible.

LE MARQUIS.

Je l'ai promis.

LÉONCE.

Vous ne m'en avez jamais parlé.

LE MARQUIS.

Il était convenu que je ne vous en parlerais que le jour du mariage. La fille du comte ne doit elle-même être avertie que peu de temps avant cette union... Vous ferez mariés sans vous être jamais vus, sans vous être parlé jamais.

LÉONCE.

C'est quelque monstre. Je ne consentirai pas à un pareil hymen.

LE MARQUIS.

Voulez-vous, Léonce, que votre père soit félon à sa parole ? Des raisons de famille rendent ce mariage nécessaire. Il faut qu'un de Sénanges épouse une de Hautepierre. Je suis certain de votre bonheur ; le comte n'a que cette fille & une fortune de seize millions. Mais il doit vous suffire de savoir que votre refus n'est pas possible. Voulez-vous que notre nom soit déshonoré ?

LÉONCE.

Songez-y, mon père... une jeune fille que je n'ai jamais vue, que vous ne connaissez pas davantage, dont personne n'a vu le visage, dont le caractère est également inconnu !... Est-il raisonnable que je m'engage à passer ma vie avec elle ? Puis-je promettre de la rendre heureuse ?

LE MARQUIS.

Il faut que cela soit, Léonce. Si vous refusez de dégager ma parole, je ne vous tiens plus pour mon fils, je vous chasse du château & ne vous revois de ma vie...

Rentrons, Léonce; il faut que vous partiez fans retard pour Hautepierre. Je vais vous indiquer les moyens d'y pénétrer & de vous faire reconnaître. Vous ne feriez pas reçu fans cela... Venez. (*Il fort.*)

LÉONCE.

Mon père!... Il ne veut rien entendre... impoſſible de le fléchir... Ah! je ne puis me réfoudre à un tel mariage. (*Il fort.*)

SCÈNE III.
ALFRED, GUIGNOL.

GUIGNOL, *entrant après Alfred.*

Non, vrai, Maître! je peux pas aller plus loin. J'ai de gonfles aux pieds groſſes comme de gobilles. Mes jambes flageolent(1) & elles me rentrent dans le ventre. Après ça, elles peuvent bien y entrer, y a rien dedans. V'là deux jours que nous avons rien mangé.

ALFRED.

Ne te plains pas ; nous voici au gîte. Ce château que tu vois eſt celui de mon oncle, le marquis de Sénanges.

GUIGNOL.

Nous donnera-t-il à manger? Comme je croquerais

---
(1) Mes jambes tremblent & fléchiſſent.

bien une fricaſſée de boudins. (*Il dépoſe ſon ſac ſur la bande.*) Allons, Azor, repoſe-toi là. Pauvre Azor! Il eſt comme mon ventre, y a pas grand'choſe dedans.

ALFRED.

Mon oncle nous recevra bien... quoique je l'aie contraint, il y a deux ans, de me remettre tout mon patrimoine qu'il adminiſtrait comme mon tuteur. Hélas! ces 400,000 francs n'ont pas duré longtemps. Nous avons tout dévoré.

GUIGNOL.

Vous... avez tout dévoré; pas moi... C'eſt pas les gages que vous m'avez payés que vous ont ruiné. Vous me devez tout.

ALFRED.

Oui, oui... tu es un bon domeſtique.

GUIGNOL.

C'eſt vrai que vous n'avez pas tout mangé tout ſeul. Les amis vous y ont aidé... & vous en aviez une tapée dans ce temps-là... qui vous ont ben ſouhaité le bonſoir par la ſuite... Et le jeu... en a-t-il vu défiler des eſcalins (1) ce mami... Dix louis ſur la noire! quinze ſur la rouge!.. Banco... je paſſe... je tiens... pata... Ça roulait bien... ça a ſi bien roulé que notre bourſe eſt

(1) Des *eſcalins;* de l'argent.

plate comme une bardane (1) & notre eſtomac itou (2)...
Ah! comme j'avalerais un fromage blanc & une botte
de petites raves!

ALFRED.

Sois tranquille... j'apaiſerai mon oncle; il eſt ſi bon...

GUIGNOL.

Hé ben! entrons-nous?... Je ne fais ni une ni deux;
je cours à la cuiſine & j'attrape une goutte de bullion.

ALFRED.

Non, non; je n'oſe pas me préſenter ainſi à mon
oncle... Il faut d'abord que je faſſe appeler mon couſin
Léonce... C'eſt un charmant garçon; nous avons été
élevés enſemble... il parlera pour moi.

GUIGNOL.

Ah! maître; faites vite... mes yeux n'y voyent plus...
Si quelqu'un m'apportait une bonne ſoupe mitonnée, je
le coquerais ſur les deux joues.

ALFRED.

Eſt-ce que j'ai mangé plus que toi, glouton? Attends-
moi.

GUIGNOL.

Maître, c'eſt pas moi qui demande; c'eſt mon ventre...
Y a plus rien dans le garde-manger.

(1) *Bardane;* punaiſe. (2) *Itou;* auſſi.

ALFRED.

Je reviens dans un inſtant. (*Il ſe dirige vers le château.*)

SCÈNE IV.

GUIGNOL, ſeul.

Maître, maître! le v'là qui court comme un miron qui a pincé un morceau de boulli. Il eſt ben heureux de pouvoir courir... moi, mes picarlats (1) me portent plus. Qué différence de y a deux ans! J'étais gras dans ce temps-là comme une petite caille... Mon maître avait la bourſe bien garnite... & la cuiſine était chenuſe... Et que j'étais faraud!.. un habit qu'avait de galons, un bugne (2) idem, & des bottes à reve jaunes... A préſent j'en connais d'autres revers, de toutes les couleurs... Ah! il fallait voir comme je parlais fort au monde... Moſſieu le marquis y eſt pas. — Il n'y eſt pas? —Non, ganache; il y eſt pas. — Tenez, mon ami, prenez ce louis, & laiſſez-moi lui parler. — Et allez donc! Y en arrivait comme ça tous les jours des jaunets dans ma poche... Nous faiſions de voyages dans tous les pays... avec une barline; clic, clac; ça marchait catégoriquement... En Italie... Ah! une ſoupière de macaronis, comme je la trouverais cannante à préſent! moi qui y faiſais la grimace contre, dans ce temps-là... Et en Allemagne... Je mangerais tout de même un plat de chou-

---

(1) Mes *picarlats;* mes jambes. — V. le *Portrait de l'oncle*, t. I, p. 117.   (2) *Bugne;* chapeau. — V. *Les Valets à la porte*, t. I, p. 288.

croûte, quoique je l'aime pas... C'est un pays qui me convient pas, l'Allemagne... Croiriez-vous que j'ai jamais pu leur z'y apprendre à parler français?..C'est là que nous avons fini... Un jour que nous étions aux eaux dans un endroit que le nom est en bad... Krackenbad... Roulenbad, je me souviens plus... mon maître me dit : Habille-moi & suis-moi à la maison de jeu ; je veux une dernière fois tenter la fortune. — Maître, vous allez perdre encore. — Obéis, & ne raisonne pas... Bon ! je l'habille, je le suis... Nous allons dans une maison superbe ; de l'or, des tapis, des lustres partout. Mon maître me laisse dans une antichambre en me disant : Attends-moi... Je l'attends ; je regardais de temps en temps par la porte & j'entendais rouler les espinchaux (1) sur la table... Tout d'un coup, un tapage de diable... on criait, on se battait... Mon maître arrive tout effaré : — Guignol, j'ai tout perdu ; suis-moi, partons... Mais la garde était venue ; les portes étaient fermées ; on voulait arrêter tout le monde... Mon maître saute par une fenêtre, en me disant : Suis-moi... Comme c'était agriable, moi qui connais pas le gymnase!.. Enfin, je me mets en peloton, je me lance, j'arrive en bas, patatras, dans un gaillot (2)... J'attrape un poisson dans mes souliers... je me relève tout trempe... & vite à l'hôtel... Nous faisons nos malles tout en cuchon (3) ; mon maître me dit : Suis-moi... & nous partons... Mais plus de barline... nous prenions la diligence, & puis quéques jours après les coucous... que

(1) Les *espinchaux*; l'argent.   (3) *Cuchon*; tas, amas.
(2) *Gaillot*; bourbier.

ça vous figrolle (1), ça vous figrolle... Et puis la voiture Talon, Jarret & Cie... V'là pus de douze jours que nous marchons... Y nous reftait encore quéques fous... Dans une auberge, mon maître a trouvé un gone de mauvaife cale qui lui a propofé une partie d'écarté... C'eft not' pauv' argent qu'a vîte été mife à l'écart... Du depuis ce temps-là, toujours fur nos jambes & rien dans le ventre... Et puis c'eft moi qui fait la liffive... Quand en route nous trouvons un ruiffiau... je me mets à genoux fur le bord... je gaffouille (2) une chemife dans l'eau... un caillou en guife de favon : zig, zig, pan, pan, pan... v'là ma chemife lavée... Je la repaffe avec un autre caillou qu'a chauffé au foleil... v'là notre lufque... Mais c'eft le manger qui me gêne le plus... Et M. Alfred qui revient pas... Je vais me coucher, tant pis; je meurs d'énanition... Si y pouvait me tomber deux aunes de boudin dans le bec. (*Il s'endort la tête appuyée fur fon fac; on l'entend murmurer:*) Un bon fiffiffon !.. une falade de dents de lion !...

SCÈNE V.

LÉONCE, ALFRED, GUIGNOL, ENDORMI.

Pendant cette fcène, Antoine fe montre à deux ou trois reprifes & paraît écouter.

ALFRED.

Oui, mon cher coufin, je fuis ruiné & n'ai plus d'efpoir qu'en toi. Il faut que tu me réconcilies avec ton

(1) *Sigroler;* fecouer.   (2) *Gaffouiller;* agiter dans l'eau.

père... Je suis déterminé à mener une vie plus digne de mon nom... Je travaillerai, je demanderai un emploi.

LÉONCE.

Je parlerai à mon père qui t'a toujours beaucoup aimé... Ne sois pas inquiet... Ah ! vois-tu, je voudrais être à ta place.

ALFRED.

Toi ! je ne te comprends pas. Qu'est-ce donc qui te chagrine ?

LÉONCE.

Mon père me marie à une jeune fille que je ne connais pas, qu'il ne connaît pas lui-même, que personne n'a jamais vue & que je ne dois voir qu'après la cérémonie.

ALFRED.

Quelle bizarrerie !

LÉONCE.

C'est la fille de notre voisin de Hautepierre... elle est fort riche... Mais comment épouser une inconnue qui, dans sa maison même, est toujours couverte d'un voile ?

ALFRED.

Et ce mariage ?..

LÉONCE.

Doit avoir lieu aujourd'hui même. Il faut qu'un de

Sénanges épouse une de Hautepierre. Mon père a donné sa parole au comte... & tu sais s'il est intraitable sur sa parole... Si je refuse, il ne me pardonnera de sa vie... & je ne puis m'y résoudre... D'ailleurs, j'avais pensé à une autre union... La fille du marquis de Noiresterres, qui habite dans cette province, à quelques lieues d'ici...

ALFRED.

Ecoute, Léonce; moi je n'ai rien à risquer. Veux-tu me céder ta place à Hautepierre? Il y a là un imprévu qui me tente; j'épouse les yeux fermés.

LÉONCE.

C'est une idée. Le comte ne m'a pas vu depuis mon enfance. D'ailleurs, nous sommes du même âge; nous portons le même nom; il n'aura pas à se plaindre. Mais mon père!...

ALFRED.

Si je me fais agréer à Hautepierre; si le comte est satisfait, ton père aura dégagé sa parole... Au besoin, tu t'éloigneras pendant quelque temps, & je prends tout sur moi.

LÉONCE.

Tu as raison... & je suis disposé à me laisser persuader. Mon père a préparé une lettre d'introduction pour ce mystérieux Hautepierre, où l'on n'entre pas comme on veut. Je vais te la remettre avec l'indication du signal nécessaire pour te faire ouvrir les portes.

GUIGNOL, se réveillant.

Mais j'ai faim, moi!... Je veux manger.

LÉONCE.

Qu'est-ce?

ALFRED.

Ne fais pas attention, c'est mon domestique.

LÉONCE.

Il a faim... Toi aussi, sans doute, tu déjeunerais volontiers... je vais te faire servir au château.

ALFRED.

Non, non, il ne faut pas que mon oncle me voie; cela pourrait tout gâter. D'ailleurs nous sortons de table.

GUIGNOL.

Nous en sommes sortis avant-hier... Maître, ayez compassion de moi.

LÉONCE.

Ce pauvre garçon!... Que dit-il donc?

ALFRED.

N'y prends pas garde... C'est une monomanie de ce maraud de vouloir toujours manger... Nous sommes pressés.

LÉONCE.

Viens, mon cher Alfred... je vais te remettre à l'entrée du château la lettre de mon père. (*Ils sortent.*)

SCÈNE VI.

GUIGNOL, seul.

Mais c'est affreux, c'est abominable! Je n'ai pas une manamonie; c'est bien la fringale qui me grabote l'estom... Je suis comme sur le rateau de la Méduse; je deviendrai anthropophoque... Il s'en va encore; il me laisse seul... Pauvre Guignol! qué coquin de sort! Je m'en vais chercher des nids d'iziau; je boirai les œufs... Encore si j'avais un pot, je pourrais les manger à la coque... Vaut mieux aller jusqu'à la porte du château; je me ferai donner un grognon de pain avec une pomme cuite.

SCÈNE VII.

ALFRED, GUIGNOL.

ALFRED.

Allons, Guignol, en route! Vois-tu ce château sur la hauteur?... c'est là que nous allons. En moins de deux heures, nous y serons arrivés.

GUIGNOL.

Deux heures! mais, borgeois, vous n'y penfez pas... jamais je n'arriverai tout entier.

ALFRED.

Allons, fuis-moi. (*Il fort.*)

GUIGNOL.

Suis-moi... ça ne coûte rien à dire; mais mes pauv's jambes, & mon pauv' eftom... Maître, maître, doucement!... Il eft déjà en avant. (*Il prend fon fac.*) Allons, Azor, viens ici. Du depuis que je te porte, fi au moins tu pouvais un petit peu me porter. (*Il s'en va lentement.*)

ACTE II.

Un grand salon au château de Hautepierre.

SCÈNE PREMIÈRE.
LE COMTE, ANTOINE.

LE COMTE.

Perſonne n'a paru, Antoine?

ANTOINE.

Perſonne ne s'eſt préſenté encore à l'entrée de la première enceinte, & le ſignal convenu n'a pas été donné; mais j'ai aperçu au pied de la montagne deux étrangers qui ſe dirigent vers le château.

LE COMTE.

C'eſt Léonce... Dites à Mlle Edith de venir ici... je veux lui parler.

ANTOINE.

M. le comte me permet-il de lui donner un avis? Je crains que M. le comte ne ſoit trompé dans ſon attente.

LE COMTE.

Que voulez-vous dire, Antoine? Parlez.

ANTOINE.

J'ai paſſé ce matin près de la porte du château de Sénanges. M. Léonce était en converſation avec ſon jeune couſin M. Alfred... M. le comte ſait de qui je veux parler... celui qui a quitté le pays il y a deux ans. On parlait de Hautepierre. La confiance dont m'honore M. le comte & mon dévouement ſans bornes pour ſa famille m'ont déterminé à prêter l'oreille à cette converſation. J'ai cru comprendre que ce n'eſt pas M. Léonce qui ſe préſenterait aujourd'hui, mais ſon couſin M. Alfred.

LE COMTE.

Vous êtes un fidèle ſerviteur, Antoine... Hé bien! rien n'eſt changé à nos diſpoſitions. Puiſque le Ciel nous envoie Alfred, il faut le recevoir. Je le verrai... S'il ne me déplaît pas, il épouſera ma fille... Allez dire à Mlle Edith que je l'attends ici.

ANTOINE.

J'y vais, Monſieur le comte; tous vos ordres ſeront accomplis.

SCÈNE II.

LE COMTE, ſeul.

Alfred porte le nom de Sénanges... Je me ſouviens de lui... il était fort bien; je le crois digne de ma fille... je le verrai d'ailleurs... Voici Edith. Pauvre enfant, elle est fort inquiète, & je sens combien son trouble va s'accroître... Elle connaît mes projets, mais elle ne sait pas encore qu'ils doivent s'accomplir aujourd'hui même. Allons, il le faut.

SCÈNE III.

LE COMTE, EDITH, voilée.

EDITH.

Vous m'avez demandée, mon père?

LE COMTE.

Mon enfant, c'est aujourd'hui que va se former l'union dont je t'ai entretenue. Dans quelques instants, celui qui doit être ton époux sera au château... Tu sais ce que je t'ai recommandé.

EDITH.

Ainsi, mon père, tout cela est bien sérieux! ce n'est pas une épreuve à laquelle vous avez voulu soumettre mon obéissance. Je dois épouser dans quelques instants un jeune homme que je n'ai jamais vu & auquel il m'est interdit de parler. Puis-je me promettre le bonheur d'une telle union?... Ne repoussez pas ma demande, mon père; permettez-moi d'avoir quelques minutes d'entretien avec ce jeune homme. Si je ne lui déplais pas, s'il y a quelque sympathie entre nous... je n'aurai plus aucune hésitation.

LE COMTE.

Mon enfant, ce que tu me demandes est absolument impossible... Ce n'est pas sans de graves motifs que j'ai pris la résolution qui doit avoir son accomplissement en ce jour ; le sort de deux familles en dépend. J'ai été fort malheureux ; ta mère, que j'ai tendrement aimée, m'a été enlevée par la mort au moment même de ta naissance. J'ai bien vu des unions devenir funestes, dans lesquelles tout avait été prévu, tout arrangé, dans lesquelles les futurs se convenaient à merveille... J'ai, au contraire, le ferme espoir que tu seras heureuse avec celui qui doit t'épouser... Aie confiance.

EDITH.

Mon père...

LE COMTE.

N'insiste pas... Ton bonheur dépend du soin avec lequel tu obéiras à toutes mes prescriptions... Toi & ta suivante Ziska, vous ne vous dévoilerez qu'après la cérémonie... A bientôt, mon enfant !.. Aie confiance.
(*Il sort.*)

SCÈNE IV.

EDITH, puis ZISKA.

EDITH, seule.

Aie confiance, dit-il... J'ai confiance, & cependant je voudrais bien... (*Elle appelle.*) Ziska ! Ziska !

ZISKA, voilée *(accent anglais)*.

Milady !

EDITH.

Tu m'aimes, Ziska ?

ZISKA.

Oh ! ma vie était à Milady... Milady fi bonne pour pauvre Ziska !

EDITH.

Aujourd'hui... dans quelques inftants, un jeune homme fera introduit dans ce falon... mon père veut que je l'époufe. Tâche de le voir, de lui parler avant la cérémonie. Tu me diras s'il eft bien, s'il eft diftingué.

ZISKA.

Yes, Milady, yes.

EDITH.

S'il eft hideux, groffier, déplaifant, je me jetterai aux pieds de mon père. Au befoin, je me réfugierai avec toi dans un couvent & j'implorerai mon pardon. (*On entend le fon d'un cor.*) Le voici, fans doute ; il entre au château. Viens, fuis-moi dans mon appartement ; je vais te donner mes dernières inftructions. (*Elles fortent.*)

SCÈNE V.

ANTOINE, ALFRED, GUIGNOL.

ANTOINE, introduisant Alfred & Guignol.

Entrez, Messieurs, dans cette salle... M. le comte va y venir.

ALFRED.

Nous sommes à ses ordres.

ANTOINE.

Mais ces Messieurs viennent de fort loin ; ils accepteront sans doute quelques rafraîchissements.

GUIGNOL.

Ah ! maître, je n'ai plus que le souffle... mes jambes font comme une patte à briquet (1), & je vois trente-six chandelles.

ALFRED.

J'ai un domestique qui a grand'faim... vous m'obligeriez en lui donnant quelque chose à manger.

ANTOINE.

Tout est ici à votre disposition ; je vais faire servir

---

(1) *Patte;* morceau de linge, chiffon. — *Patte à briquet;* linge brûlé, qu'avant l'invention des allumettes chimiques on disposait dans une boîte pour recevoir & conserver les étincelles obtenues par le choc du silex & du briquet.

Monsieur dans la pièce voisine, & si son domestique veut me suivre à l'office...

GUIGNOL, à Alfred.

Ne me quittez pas, maître... La peur me prend dans ce château tout noir... & vrai, ça me coupe la faim.

ALFRED, à part.

Je suis presque fâché d'être venu, moi aussi ; ce château est lugubre... Ces domestiques silencieux, ce mystère, tout me glace. Celui-ci a l'air d'un bonhomme ; si je l'interrogeais?... (*A Antoine.*) Dites-moi, mon brave, y a-t-il longtemps que vous êtes dans cette maison?

ANTOINE.

Monsieur, j'y suis venu au monde.

ALFRED.

Vous en connaissez tous les êtres & tous les habitants?

ANTOINE.

Oui, Monsieur.

ALFRED.

On parle dans tout le pays de la fille de M. le comte... quoique bien peu de personnes l'aient vue... mais vous qui la voyez tous les jours...

ANTOINE.

La fille de M. le comte?... chut!... Elle eſt toujours voilée; perſonne ne l'a jamais vue... Cependant...(*Avec myſtère.*) Un jour...

Alfred & Guignol ſe rapprochent.

ALFRED.

Un jour?

ANTOINE.

Un jour...

ALFRED.

Mon ami, comptez ſur ma reconnaiſſance.

ANTOINE.

Un jour, dans le ſalon, Mademoiſelle ſe regardait au miroir... J'entrais à ce moment; je m'avance & je vois...

ALFRED.

Vous avez vu?

ANTOINE.

J'ai vu ſon voile qu'elle a baiſſé avec précipitation, & qui était mouillé de ſes larmes.

GUIGNOL, à part.

Ah! vieil artet (1), je te connais à préſent... Si nous n'avons jamais de renſeignements que de çui-là, nous ne riſquons rien de tenir nos lunettes bien eſſuyées.

(1) *Artet;* fin, ruſé.

ANTOINE.

Je vais faire servir Monsieur dans la pièce que voici. (*Il montre dans la coulisse une pièce voisine & sort.*)

SCÈNE VI.
ALFRED, GUIGNOL.

ALFRED.

Je suis aux regrets d'être venu ici... je vais chercher un moyen d'en sortir. Toi, Guignol, attends-moi ; je reviens dans un instant. Mange en m'attendant... mais regarde autour de toi. Tâche d'apercevoir la fille du comte ; tâche de faire parler les domestiques.. De mon côté, je vais tout observer... & préparer notre fuite, car nous sommes, à coup sûr, tombés dans un guet-apens... Je n'ai pas appétit, je te l'assure... (*Avec un soupir.*) Mange, Guignol, mange pour deux. (*Il sort.*)

GUIGNOL, avec un soupir.

Oui, maître... je mangerai pour quatre.

SCÈNE VII.
GUIGNOL, puis ANTOINE.

GUIGNOL, seul.

Il m'abandonne encore... Je suis à la définition de

mes jours, bien sûr. Je sais plus si c'est la faim ou la peur qui me creuse, mais j'irai pas comme ça jusqu'à la tombée de la nuit.

ANTOINE, entrant.

Mon ami, qu'est-ce que je vais vous faire servir?

GUIGNOL.

Oh! vieux, pas tant de sarimonies... un morceau sur le pouce.

ANTOINE.

Voulez-vous du bœuf? du mouton? du veau?

GUIGNOL.

J'ai pas de préférence; apportez de tout.

ANTOINE.

Aimez-vous les alouettes?

GUIGNOL.

J'aime assez celles de Crémieu (1).

ANTOINE.

Je n'ai que des alouettes de ce pays.

---

(1) Les dindons élevés aux environs de Crémieu ont une réputation assez étendue.

GUIGNOL.

Sont-elles au moins groffes comme une bonne poularde ? Servez-m'en alors une demi-douzaine.

ANTOINE.

Une tranche de gigot ?

GUIGNOL.

Tout de même ; mais une bonne tranche... Ne vous donnez pas la peine de la couper ; faites voir le gigot.

ANTOINE.

Quelques feuilles de falade ?

GUIGNOL.

Oui, quéques feuilles de falade dans un grand faladier tout plein.

ANTOINE.

Et pour plat fucré ?... du pudding ?

GUIGNOL.

Du boudin ! oui, une bonne fricaffée, mais je tiens pas au fucre. Puis, fi vous pouvez y ajouter pour deffert un paquet de couennes (1) & un fromage blanc, ça commencera à aller.

(1) Le paquet de couennes de porc eft une des préparations que les charcutiers de Lyon débitent avec le plus de fuccès dans les quartiers populaires.

ANTOINE.

Et quel vin faut-il vous donner, mon ami?

GUIGNOL, à part.

Je commence à me raccommoder avec ce vieux... il a une converſation qui me plaît.. (Haut.) Mais du bon, papa, du bon!...

ANTOINE.

Du rouge, ou du blanc?

GUIGNOL.

Hé ben! nous pourrions commencer par le rouge & finir par le blanc.

ANTOINE.

Nous avons du vin de Bordeaux.

GUIGNOL.

Du vin où y a de l'eau! J'en veux pas.

ANTOINE.

Du vin de Tonnerre.

GUIGNOL.

Çui-là ferait trop de vacarme dans mon ventre.

ANTOINE.

Du vin de Châteauneuf.

GUIGNOL.

J'aimerais mieux qu'il foye vieux.

ANTOINE.

Voulez-vous du vin de Champagne?

GUIGNOL.

Du vin de campagne! Bien fûr que je veux pas de vin que fe fait dans la boutique de l'efpicier.

ANTOINE.

Vous ne voulez pas du vin du crû?

GUIGNOL.

Te veux dire de vin de Brindas! Non, non ; un bon Beaujolais... comme difait le père Berlingard quand il criait le vin du cabaretier. (*Il imite l'annonce du crieur.*) On vous fait à favoir qu'y eft arrivé hier-z-au foir, au cabaret du Canon d'or, une bareille de bon beaujolais à quatre fous le pot. Allez-y, allez-y; on vient d'y mettre le robinet. — Puis il buvait à la bouteille qu'il avait à la main, & il criait : Ah! qu'il eft bon (1)!

---

(1) Guignol décrit ici une fcène dont les anciens quartiers de Lyon ont gardé le fouvenir. Les cabaretiers avaient l'ufage de faire crier leur vin. Le crieur portait avec lui dans fa tournée un échantillon de la marchandife; il y tâtait fréquemment & notamment après chaque annonce. Il manifeftait enfuite vivement fa fatisfaction, & les jeunes gones du quartier, qui l'accompagnaient s'écriaient en chœur avec lui : Ah! qu'il eft bon ! — Voir, fur le père Berlingard, la note T. I, p. 274, *le Marchand de picarlats.*

ANTOINE.

Hé bien! je vous ferai donner du Beaujolais... du Thorins ou du Fleury?

GUIGNOL.

Mais dites donc, vieux, y me semble que nous pardons bien de temps en conversation. Vous me mettez au supplice de Cancale. Si vous me serviez votre vin de campagne ou du bord de l'eau, je vous dirais de suite çui-là que j'aime le mieux... quand je les aurais bus.

ANTOINE.

Vous avez raison, venez. (*Il sort.*)

GUIGNOL.

Marchez devant, papa; j'emboîte le pas jusqu'à l'office. Je crois que l'appétit me revient. (*Il va pour sortir.*)

SCÈNE VIII.
GUIGNOL, ZISKA.

ZISKA.

Ce était sans doute le petit futur à Milady. (*A Guignol, qu'elle retient par le bras.*) Good morning, sir!

GUIGNOL.

Que me veut cette étrangère qui se dit ma sœur?... Elle a un accent provençal.

ZISKA.

Good morning !

GUIGNOL.

Vous voulez me donner une mornifle (1)?

ZISKA.

No, no; vos comprenez pas. Moa dire bonjour à vos.

GUIGNOL.

Ah ! c'eft pas comme ça qu'on dit bonjour au monde.

ZISKA.

Comment dites-vos, vos ?

GUIGNOL.

Moi, je dis tout bonnement : Bonjour, Madame ou Mam'zelle.

ZISKA.

Good, good;... bonjour!... How do you do ?

GUIGNOL.

Vous avez quelque chofe dans le dos?

ZISKA.

No, je demandais à vos : Comment vos portez-vos ?

(1) *Mornifle;* foufflet, taloche.

GUIGNOL.

Ah! nom d'un rat, dites-le donc. Je me porte pas mal... & vous?... Qué drôle de converfation nous avons là!

ZISKA.

Mylord!

GUIGNOL, fe retournant & appelant.

Mylord! mylord! ici, ici!

ZISKA.

Que dites-vos?

GUIGNOL.

Vous appelez votre chien, je crois; je l'appelle auffi.

ZISKA.

No, mylord; ce était vos, mylord. Ce était le nom des Meffieurs dans le Angleterre.

GUIGNOL, à part.

Elle me prend pour un mylord anglais!.. ça fe trouve bien; moi qui ai pas le fou... Ah! elle me prend pour le bargeois; elle a un voile fur le coquelichon; c'eft la demoifelle avec qui qu'on veut le marier. Si je pouvais voir par deffous le voile. (*Haut.*) Douce colombe, accordez-moi la parmiffion de mettre à vos pieds toutes mes falutances.

ZISKA, à part.

Ce était le domeſtique; amuſer moa. (*A Guignol.*) You ſpeak English?

GUIGNOL.

Vous avez quéque choſe qui vous pique?

ZISKA.

Je demande à vos ſi vos parlez anglais.

GUIGNOL.

Je le parle un peu... en français.

ZISKA.

Vos être français... Moa aimer beaucoup les Français.

GUIGNOL, à part.

Il faut un peu parler comme elle... Quand on eſt avec les étrangers... (*Haut.*) Moa être français de la rue Saint-Georges.

ZISKA.

Oh! good, good.

GUIGNOL, à part.

Elle parle toujours des gaudes (1), elle veut m'en

(1) *Gaudes;* bouillie de maïs fort en uſage dans la Breſſe & la Franche-Comté.

faire manger... c'eſt une Breſſanne; mais elle a un drôle d'accent. (*Haut.*) Belle fiancée, mon eſtom me dit plus rien; ce était mon cœur ſeul qui parpite dans votre ſociétance.

ZISKA.

Yes! vos, mylord, être très gentil. Je aimerais boco vos pour mé mari.

GUIGNOL, à part.

Je lui plais; faut continuer la converſation. (*Haut.*) Belle colombe, pourquoi vous porter comme ça une patte de mouſſeline ſur votre figoure? Eſt-ce que vous craindre les coups de ſoleil?

ZISKA.

Ce était l'ordre de my father.

GUIGNOL.

Avant de nous unir, permettez à moa de jeter un œil ſur cette charmante phiſiolomie qui doit embellir mon exiſtence.

ZISKA.

No, no; ce était défendu par my father.

GUIGNOL.

Qu'eſt-ce qui a défendu ça!

ZISKA.

My father.

GUIGNOL.

Fazeur! Qué que c'eſt que ce farceur?

ZISKA.

Ce était le papa de moa.

GUIGNOL.

Ah! le vieux papa à vos... Mais puiſque nous devons nous marier.

ZISKA.

Pas dire alors. Moa être belle, très-belle. (*Elle lève ſon voile.*)

GUIGNOL.

Voyons. (*Il jette un cri & tombe ſur la bande.*) Qué que c'eſt que ça? Un râcle-fourniau (1), un diable. Au ſecours! à la garde! à la garde!

ZISKA.

Allons à préſent chercher à voir le maître. (*Elle s'en-fuit en riant.*)

(1) *Râcle-fourniau;* ramoneur.

SCÈNE IX.

GUIGNOL, ALFRED.

ALFRED.

Viens, Guignol ; fuyons. J'ai trouvé une fenêtre ; nous n'avons que vingt pieds à fauter.

GUIGNOL.

Oui, oui, borgeois, fauvons-nous. J'ai vu votre fiancée, allez.

ALFRED.

Tu as vu fon vifage.

GUIGNOL.

Oui, c'eft un monftre, un charbon de Rive-de-Gier. Elle a un mufeau noir comme la crémaillère & une trompe comme un éléphant.

ALFRED.

Je m'en doutais. Le comte, auquel j'ai parlé, ne me convient pas plus que fa fille ; il a un afpect d'une févérité !... On ne refpire pas ici... Y vivre, c'eft mourir à petit feu... Suis-moi fans délai.

GUIGNOL.

Je fais pas fi j'en aurai la force... mais je veux bien

m'en aller... Ah! j'ai pus faim à préfent; ça m'a nourri de voir ce jus de régliffe noir. Pourvu que nous la rencontrions pas.

ALFRED.

Viens donc vite, bavard.

<small>Au moment où ils fortent, ils font arrêtés par le comte.</small>

SCÈNE X.

LES MÊMES, LE COMTE.

LE COMTE.

Où allez-vous, Monfieur de Sénanges? C'eft de ce côté que nous vous attendons pour la cérémonie.

ALFRED.

Mais, Monfieur le comte.

LE COMTE.

Héfiteriez-vous, Monfieur? Il eft trop tard; j'ai votre parole... D'ailleurs, tout le monde m'obéit ici. (*Il l'entraîne.*) Venez recevoir la main de ma fille. (*Ils fortent.*)

SCÈNE XI.

GUIGNOL, feul.

Allons, v'là mon pauv' maître facrifié. Il va donner

sa main à ce fumeron; il va me revenir tout machuré... Nous v'là fermés pour le restant de nos jours dans ce château... Il y fait clair comme dans un four, & c'est gai comme la porte de la prison de Roanne (1). Nous avons eu une jolie idée d'y venir... Si je pouvais au moins retrouver ce vieux qui m'offrait à dîner tout à l'heure.

SCÈNE XII.

LE COMTE, EDITH, ALFRED, GUIGNOL.

LE COMTE.

Mes enfants, vous êtes maintenant unis. Monsieur de Sénanges, vous pouvez demander à votre femme de lever son voile.

ALFRED, à part.

Je ne suis pas pressé.

EDITH, à part.

Ziska ne m'a pas trompée; mon mari est charmant.

---

(1) Une maison de Lyon, qui, au XIII° siècle, appartenait à un chanoine nommé Giraud de Roanne, qui appartint plus tard aux dauphins de Viennois & enfin au roi, était devenue depuis longtemps le siége de la justice royale, lorsqu'en 1784, la prison, qui en était une dépendance, fut reconstruite sur les plans de l'architecte Buguet. Cette prison avait sur la place de Roanne une façade & une porte basse d'un aspect lugubre, qui laissait une impression profonde. Aussi, jusqu'à ces dernières années, & lorsqu'on ne voyait plus aucun vestige de l'ancien bâtiment, la maison d'arrêt qui l'avait remplacé avait gardé le nom populaire de Prison de Roanne.

ALFRED, à part.

Ce que m'a dit Guignol n'eſt pas encourageant... Contempler un monſtre... Je ne ſais même que lui dire.

EDITH, à part.

Ziska m'a dit qu'il était fort aimable; il n'y paraît guère.

ALFRED, à Edith.

Madame... il faut avouer que nos parents ont eu là une idée fort bizarre... & ce mariage...

EDITH.

Oh! Monſieur, je m'y ſuis oppoſée de toutes mes forces... mais des raiſons de famille avaient déterminé mon père; c'eſt pour lui une queſtion d'honneur; j'ai dû obéir... Si ce mariage doit faire votre malheur, Monſieur, les circonſtances dans leſquelles il eſt contraélé ſont ſi étranges qu'il doit y avoir des moyens de le faire annuler... Reprenez votre liberté, Monſieur; j'irai, s'il le faut, finir mes jours dans un couvent. Je conſens à tout plutôt qu'à vous voir malheureux.

ALFRED, à part.

Quelle douce voix! (*Haut.*) Madame, ce n'eſt point à vous de vous excuſer de ce qui s'eſt paſſé... J'ai moi-même un pardon à ſolliciter, & c'eſt votre bonheur qui ſeul en ce moment occupe ma penſée.

EDITH, à part.

Il s'exprime fort bien.

ALFRED.

L'ordre cruel qui cachait vos traits à tous les yeux est maintenant révoqué. Consentez, Madame, à lever votre voile.

GUIGNOL, bas à Alfred.

Maître, regardez pas; vous allez tomber à la renverse.

ALFRED.

Madame...
<small>Edith lève son voile.</small>

GUIGNOL.

Regardez pas, regardez pas. Ça sent déjà le roussi.
<small>Il se détourne & cache son visage sur la bande.</small>

ALFRED.

Qu'elle est belle!.. Madame, quel bonheur est le mien! (*A Guignol.*) Relève-toi donc, imbécile; vois comme ma femme est belle.

GUIGNOL.

Hein! Que dit-il? Il a la barlue. (*Il se lève & regarde.*) Nom d'un rat, elle est chenuse; elle s'est débarbouillée.

EDITH.

Que veut-il dire?

ALFRED.

Madame, mon domestique avait cru voir... Il m'avait dit...

SCÈNE XIII.
LES MÊMES, ZISKA.

ALFRED.

Ah! je comprends; voilà la personne qu'il avait vue.

GUIGNOL, tremblant.

Ah! v'là le fumeron! Approchez pas, approchez pas.

ZISKA.

Moa, très-jolie, petit Français.

ALFRED.

N'aie pas peur, Guignol; c'est une très-belle négresse.

GUIGNOL.

Elle est de quéque pays où ils ont l'accoutumance de se manger chacun à leur tour en boulli ou en rôti.

EDITH.

C'est ma suivante : elle a été élevée avec moi... Elle est douce & bonne.

ZISKA.

Moa, pas méchante.

GUIGNOL.

Oui, toa, pas méchante !... Elle a de dents blanches que me donnent la chair de poule.

LE COMTE.

Hé bien ! mes enfants, m'en voulez-vous ?

ALFRED.

Monsieur le comte, avant de me dire votre gendre, j'ai à obtenir un pardon que vous me refuserez peut-être... Je vous ai trompé ; je ne suis pas le fils de M. le marquis de Sénanges.

SCÈNE XIV.

LES MÊMES, ANTOINE, LE MARQUIS, LÉONCE.

ANTOINE, annonçant.

Monsieur le marquis & Monsieur le vicomte de Sénanges.

LE MARQUIS.

Mon ami, tu me vois au désespoir... Ce n'est pas mon fils qui s'est présenté ce matin à Hautepierre... mais je te l'amène... s'il en est temps encore.

LE COMTE.

Je sais tout... J'ai appris ce qui s'est passé entre ton fils & son cousin Alfred... mais j'ai tout accepté. Ce mariage contre le gré de ton fils; Alfred porte le nom de Sénanges; je l'ai marié à Edith. Notre pacte a reçu son accomplissement, & aucun malheur ne menace plus nos familles... Voyons, mes enfants; ce qui s'est fait tout à l'heure peut encore se défaire. Consentez-vous de plein gré à cette union?

EDITH.

Oui, mon père.

ALFRED.

Je suis le plus heureux des hommes.

LE MARQUIS.

Mon ami, nous avions tout arrangé, tout combiné; nos mesures étaient bien prises, & rien ne pouvait faire échouer nos projets. Cependant la Providence en a autrement disposé.

LE COMTE.

Nous n'avons pas trop à nous plaindre. Mais je vois qu'il n'est guère sage de bâtir sur l'avenir & sur la volonté d'autrui, quand notre propre volonté est elle-même si incertaine.

EDITH.

Guignol, veux-tu épouser Ziska? Je lui donne vingt mille francs & un beau trousseau.

GUIGNOL.

Je demande à réfléchir... Si on pouvait un peu la passer à la lessive!...

LE COMTE.

Nos invités sont arrivés; on nous attend pour le repas de noce... Entrons au salon.

GUIGNOL.

Moi, je pense que je pourrai cette fois entrer à la cuisine.

FIN DU CHATEAU MYSTÉRIEUX.

LES CONSCRITS DE 1809

PIÈCE EN UN ACTE

PERSONNAGES

PIERRE-JEAN, *filateur.*
MARIE, *sa fille.*
JULIEN,
GUIGNOL, } *ouvriers chez Pierre-Jean.*
GROS-PIERRE,
LE MARQUIS DE SAINT-REMY.
GRIPARDIN, *usurier.*
UN SERGENT.
LA MÈRE SIMONNE, *ancienne cantiniere.*
OUVRIERS, CONSCRITS.

LES CONSCRITS DE 1809
PIÈCE EN UN ACTE

Une place publique de village.

La scène se passe dans un village du département de l'Isère, aux environs de Lyon.

SCÈNE PREMIÈRE.

Avant le lever du rideau, roulement de tambour ; &, lorsque le rideau est levé, on entend battre le rappel dont les sons paraissent s'éloigner successivement jusqu'à ce que les personnages se montrent.

GROS-PIERRE, JULIEN, puis GUIGNOL,
ET D'AUTRES OUVRIERS.

GROS-PIERRE, appelant.

Guignol! Guignol! viens-tu au tirage?

GUIGNOL, entrant.

Moi! tu sais bien qu'il y a un an que j'ai mis la main

dans le pot à l'eau, nom d'un rat ! Je vous laisse ça pour l'heure d'aujord'hui. Bonne chance, Gros-Pierre !

GROS-PIERRE.

Ah ! moi, ça m'est égal, quoique ça soit qui arrive. Je suis sûr que je ferai un fameux troupier.

GUIGNOL.

Allons donc ! tu n'as guère la capacité d'être soldat.

GROS-PIERRE.

Pourquoi ça ?

GUIGNOL.

Ah ! c'est qu'il faut tant de qualités !.. Mon grand'père, qui avait fait la guerre dans les temps, disait qu'il fallait quatre choses pour faire un bon soldat :... la force d'un cheval... le courage d'un lion... le ventre d'une puce... & l'esprit d'un imbécile... Tu as bien quéques-unes de ces qualités-là, mais pas toutes... (*à Julien*.) Et toi, Julien, tu es triste !

JULIEN, avec un soupir.

J'attends mon sort, mon brave Guignol ; mais il m'en coûte de quitter mon village, mes amis, la maison de M. Pierre-Jean.

GUIGNOL.

Tâche de bien remuer, de bien graboter dans le benot (1) & d'arraper un bon mimero.

---

(1) *Benot* ; diminutif de *benne* ; vase de bois que les villageois emploient à divers usages.

JULIEN.

Je l'efpère, mon bon Guignol!

SCÈNE II.
LES MÊMES, PIERRE-JEAN & MARIE.

PIERRE-JEAN.

Mes enfants, je donne congé aujourd'hui pour le tirage... & au retour, je paie à déjeuner à tout l'atelier. Ceux qui feront choifis par le fort pour fervir leur pays feront les rois de la fête.

TOUS LES OUVRIERS.

Vive monfieur Pierre-Jean!

GUIGNOL.

Vive monfieur Pierre-Jean, le père des bons enfants, rantanplan!

PIERRE-JEAN.

Bien pour aujourd'hui; mais demain il faudra crier un peu : Vive le travail!

GUIGNOL.

Le travail! j'aime mieux crier : Vive la faignantife & le bon fricot!

PIERRE-JEAN.

Allons, mes enfans, je vais à la mairie avec vous. Marie, tu me retrouveras dans un inftant à la maifon.

TOUS LES OUVRIERS.

Adieu, mam'zelle Marie.

MARIE.

Adieu, monfieur Julien.

SCÈNE III.

MARIE, GUIGNOL.

GUIGNOL, à part.

Qu'elle eft cannante ! qu'elle eft cannante, mam'zelle Marie ! Oh ! là là ! fi j'ofais... mais j'ofe pas... Mam'zelle !... Mais, non, j'ofe pas !... Parle-lui donc, grand lâche !... Tu dis que tu es de la Croix-Rouffe, & tu es fi lâche que ça ! (*Il fe frappe la tête contre le pilier. — Haut.*) Mam'zelle... qu'avez-vous donc ?

MARIE.

Mais, je n'ai rien, Guignol. C'eft toi qui as quelque chofe.

GUIGNOL, à part.

Qu'elle eft cannante ! qu'elle eft cannante !

MARIE.

Eh bien! tu as quelque chofe à me dire & tu n'ofes pas me parler.

GUIGNOL.

J'ofe pas.

MARIE.

N'aie pas peur, je fuis aujourd'hui dans un jour de préoccupation. Je ne puis pas travailler & j'ai le temps de t'écouter... Tu fais bien d'ailleurs que nous nous connaiffons depuis longtemps & que je t'aime bien.

GUIGNOL, fe cognant contre le pilier.

Allons, parle-lui donc, parle-lui donc... (*Brufquement.*) Mamz'elle, & moi auffi!

MARIE.

Vraiment, Guignol?

GUIGNOL.

Vous vous fouvenez bien, quand nous étions petits tous les deux, vous me pinciez, vous m'égratigniez.

MARIE.

Hé, oui.

GUIGNOL.

Vous me mettiez toujours les doigts dans les yeux, que vous difiez que ça femblait des gobilles d'agate.

MARIE.

Hé, oui.

GUIGNOL.

Eh bien, mamz'elle, fi nous nous marüons?

MARIE.

Me marier avec toi!... Tu es fou, Guignol.

GUIGNOL.

Mais vous difiez tout à l'heure que vous m'aimiez bien!

MARIE.

Je t'aime comme un ami d'enfance. Mais, pour t'époufer... non.

PIERRE-JEAN, de l'intérieur.

Marie! Marie!

MARIE.

C'eft mon père! Guignol, ne lui parlez pas de cela; il ne plaifante pas. J'y vais vite, il va fe fâcher.

GUIGNOL.

Un m'ment! il peut bien attendre un peu, le vieux p'pa!

MARIE.

Non, non, laiffez-moi partir... Tiens, vois-tu, Guignol, tu as l'air bête! (*Elle fort.*)

SCÈNE IV.

GUIGNOL, feul.

Hein! j'en fuis tout ftupéfoque! Elle m'aime bien, mais pas pour m'époufer!... qué que ça veut dire ça?... Après tout, je me mari'ai avec une autre... Quand on eft beau garçon & qu'on a de la comprenette (1) comme moi, on refte jamais dans l'embarras!... C'eft égal, elle eft joliment cannante, & ça me chiffonne d'être refufé de c'te manière... Pour me confoler, je vas voir ceux qui vont fe faire pincer dans le benot. (*Il fort.*)

SCÈNE V.

M. DE SAINT-RÉMY, feul.

Je fuis complétement ruiné. Me voilà fans reffources, fans efpoir. Mes créanciers font à mes trouffes. Cet affreux ufurier de Gripardin ne me laiffe pas un inftant de répit... Il ne me refte plus qu'un feul moyen pour fortir de cette affreufe pofition... La fille de Pierre-Jean a, dit-on, 200,000 francs de dot. Je puis être fauvé. Mes nobles parents feront en émoi, ils diront que je trafique de leur nom; mais, baft! j'aurai la dot. Effayons une démarche; elle me réuffira fans doute. On ignore encore l'état de mes affaires. Payons d'audace, & la fortune eft encore à moi. (*Il frappe chez Pierre-Jean.*)

---

(1) *Comprenette;* intelligence, efprit

SCÈNE VI.
M. DE SAINT-RÉMY, PIERRE-JEAN.

PIERRE-JEAN.

Monsieur de Saint-Rémy, j'ai l'honneur de vous saluer.

SAINT-RÉMY.

Bonjour, monsieur Pierre-Jean... j'ai à vous parler d'une affaire importante.

PIERRE-JEAN.

Je suis à vos ordres.

SAINT-RÉMY.

Vous avez une fille charmante.

PIERRE-JEAN.

Je le sais, monsieur.

SAINT-RÉMY.

Je n'en doute pas. On ne peut posséder un pareil trésor sans l'apprécier. Mais ce que vous ignorez encore, c'est que j'ai résolu de l'épouser... & je viens vous demander sa main.

PIERRE-JEAN.

Monsieur, votre recherche nous honore. Je ne dis pas non.

SAINT-RÉMY.

Vous me permettez d'espérer ?

PIERRE-JEAN.

Il faut que j'en parle à ma fille… Revenez, Monsieur.

SAINT-RÉMY.

Mais des motifs sérieux me forcent de presser la conclusion de cette affaire. Je voudrais avoir une réponse prochaine.

PIERRE-JEAN.

Comptez sur moi, Monsieur ; je ferai mon possible.

SAINT-RÉMY.

Merci, Monsieur ; je reviendrai bientôt connaître la réponse de votre charmante fille. (*Il sort.*)

SCÈNE VII.

PIERRE-JEAN, seul.

Il est fort bien ce jeune homme. Il a un beau nom, une belle fortune. C'est un excellent parti assurément. Quelle heureuse nouvelle je vais apprendre là à ma fille ! (*Il appelle.*) Marie ! Marie !

SCÈNE VIII.

PIERRE-JEAN, MARIE.

MARIE, de l'intérieur.

Mon père!

PIERRE-JEAN.

Marie, viens ici.

MARIE, entrant.

Me voici, papa.

PIERRE-JEAN.

Oh! Marie, comme tu me rappelles ta mère! Quel âge as-tu?

MARIE.

Mais, papa, vous le favez bien.

PIERRE-JEAN.

Non, je ne m'en fouviens plus; tu es jeune, tu as la mémoire plus fraîche que la mienne.

MARIE.

J'ai dix-neuf ans. Et vous, papa?

PIERRE-JEAN.

J'ai foixante-fept ans. Je fuis déjà vieux, comme tu le vois.

MARIE.

Oh! papa, vous êtes jeune; vous êtes bien confervé. Vous avez un bon eftomac, vous lifez fans lunettes; vous irez jufqu'à cent ans.

PIERRE-JEAN.

Tu me flattes. Je peux mourir d'un moment à l'autre.

MARIE.

Oh! papa, ne parlez pas de cela.

PIERRE-JEAN.

Ce qui me fait de la peine, c'eft de fonger que je puis te laiffer feule, fans guide. Que deviendrais-tu, pauvre enfant?... Auffi, j'aurais envie de te marier.

MARIE.

Me marier! mais c'eft affez gentil.

PIERRE-JEAN.

Certainement. Cela te convient-il?

MARIE.

Mais oui. On eft grande dame; on porte des châles, des dentelles; & on mange des gâteaux tant qu'on veut. Puis, j'aurai des enfants, à mon tour.

PIERRE-JEAN.

Certainement.

MARIE.

Quel bonheur ! vous ferez grand'papa. Vous les ferez danfer fur vos genoux ; ils vous tireront par les cheveux ; ils vous carefferont. Et avec qui allez-vous me marier ?

PIERRE-JEAN.

Avec un jeune homme charmant. J'ai trouvé le parti qui te convient.

MARIE.

Eft-ce votre contre-maître, M. Julien ?

PIERRE-JEAN.

Julien ! mais non. Eft-ce que Julien penfe à fe marier ? Julien tire au fort aujourd'hui & il peut avoir un mauvais numéro.

MARIE.

Comment s'appelle donc ce futur ?

PIERRE-JEAN.

M. le marquis de Saint-Rémy.

MARIE, à part.

Ciel !... (*Haut.*) Bon petit papa, nous verrons cela plus tard.

PIERRE-JEAN.

Marie, qu'eft-ce que cela fignifie ?

MARIE.

Ce n'est pas un marquis, c'est un simple paysan qui me convient pour mari. Un marquis ne voudra jamais d'une paysanne comme je suis.

PIERRE-JEAN.

Tu te trompes. M. de Saint-Rémy m'a demandé ta main... Sais-tu bien que je te donne 200,000 francs de dot, sans quitter prétentions?

MARIE.

Non, non; un grand salon n'est pas fait pour moi.

PIERRE-JEAN.

Marie, écoute-moi... Quand on est mariée, on a des châles... des dentelles... des diamants.

MARIE.

N'est-on pas aussi jolie avec une simple fleur?

PIERRE-JEAN.

Toi qui voulais tout à l'heure que je sois grand'papa.

MARIE.

Oh! les enfants ne sont pas si gentils; ils crient, ils sont méchants, ils sont désobéissants. Je veux rester vieille fille; je veux rester paysanne... Papa, je ne me marierai pas.

PIERRE-JEAN.

Tu veux donc devenir grondeufe, maniaque comme Mlle Perpétue... qui paffe fa vie avec fes chats... elle en a fept... & fes perroquets... elle en a treize... & un finge!

MARIE.

Je fuis trop jeune; j'ai le temps. Nous parlerons de cela quand j'aurai quarante ans. (*Elle fort.*)

SCÈNE IX.

PIERRE-JEAN, feul.

Ah! ces jeunes filles!... Elles veulent fe marier, elles ne veulent pas... on ne fait vraiment ce qu'elles veulent. Mais je viendrai certainement à bout de fa réfiftance. M. le Marquis de Saint-Rémy eft une alliance fort honorable pour notre famille... Il faudra qu'elle l'époufe... La réflexion la rendra plus raifonnable... D'ailleurs, je veux qu'on m'obéiffe... Il faut que j'aie une réponfe favorable. (*Il fort.*)

SCÈNE X.

GUIGNOL, feul.

Ce pauvre Julien n'a pas de chance! Il vient d'attraper le mimero 1... un mimero un, grand comme la jambe de notre âne... Qué guignon!... Il en eft tout chagrin &

ça me fait de peine !... Julien est un bon enfant... C'est encore le papa Pierre-Jean qui va pas être content... son contre-maître. (*Il appelle.*) Monsieur Pierre-Jean ! Monsieur Pierre-Jean !

SCÈNE XI.

GUIGNOL, MARIE.

MARIE.

Mon père est occupé. Que lui veux-tu, Guignol ?

GUIGNOL.

Lui donner une vilaine nouvelle... Julien a tiré un mauvais mimero... le plus mauvais, le mimero un.

MARIE.

Quel malheur ! (*Elle pleure.*)

GUIGNOL.

Et il faut qu'il parte tout de suite... Le sergent les emmène aujourd'hui.

MARIE.

Oh ! mon Dieu ! mon Dieu ! (*Elle sanglotte & s'évanouit.*)

GUIGNOL.

Mam'zelle ! Mam'zelle ! (*Il la soutient & cherche à la faire revenir.*)

MARIE, revenant à elle.

Guignol, donne-moi ton bras pour rentrer chez mon père... je ne puis me foutenir.

GUIGNOL, lui donnant le bras.

Comme cette nouvelle vous a bouliverfée, Mam'zelle ! comme vous pleurez !

MARIE.

Ah ! j'en mourrai ! (*Elle entre chez fon père.*)

SCÈNE XII.

GUIGNOL, feul.

Tiens, tiens, tiens ! les v'là tous en pleurs... (*Après un inftant.*) Ah ! que je fuis bête ! Ah ! que j'ai peu d'aime(1) ! V'là pourquoi que Mam'zelle Marie ne veut plus de moi pour mari. C'eft Julien qu'elle aime, c'eft Julien qu'elle voudrait époufer. Et lui auffi ; v'là pourquoi qu'il s'a arraché tout à l'heure une poignée de cheveux... C'eft dommage qu'il parte tout de même, pendant que tant d'autres, moi, par exemple, qui font pas bons à grand'chofe ici, & qui feraient un fi bel effet fous l'habit mirlitaire.... Mais, quand même Julien partirait pas, jamais le p'pa Pierre-Jean voudra lui donner fa fille... Bah ! qui fait ? Il fait bien le méchant, il gongonne, il

---

(1) *Aime ;* intelligence, jugement.

crie fort... mais y a encore bien des manières de le prendre... Si j'essayais ! Il me traite des fois de faignant... Faisons-lui voir qu'on sait au moins rendre service aux amis. (*Il sort.*)

SCÈNE XIII.

M. DE SAINT-RÉMY, seul.

Je suis dans une impatience ! je ne puis attendre plus longtemps la réponse de laquelle dépend mon sort... La nécessité me presse, & il faut absolument que j'épouse cette dot de 200,000 francs... Mais, voici cet usurier de Gripardin, mon persécuteur ! que diable vient-il chercher ici ?

SCÈNE XIV.

GRIPARDIN, M. DE SAINT-REMY.

GRIPARDIN.

Monsieur le Marquis, j'ai l'honneur de vous présenter mes très-humbles hommages.

SAINT-RÉMY.

Malheureux ! vous me poursuivez donc sans relâche ! vous voulez me perdre !

GRIPARDIN.

Je viens voir, Monsieur le Marquis, si c'est aujourd'hui que vous me payez mes 5,000 francs.

SAINT-RÉMY.

Comment, 5,000 francs ? c'est 3,000 francs que je vous dois.

GRIPARDIN.

3,000 francs de capital ; mais il y a les intérêts, les intérêts des intérêts, l'assignation, le coût du jugement, la signification, &c., &c. Total : 5,000 francs.

SAINT-RÉMY.

Vous êtes un vrai coquin, Gripardin.

GRIPARDIN.

Vous voilà bien, Messieurs les emprunteurs ! Quand on a besoin de nous, nous sommes des anges, des sauveurs ; quand nous demandons ce qui nous est dû bien honnêtement, nous sommes des coquins !... Monsieur le Marquis, je suis un cultivateur à ma manière... Les paysans qui labourent la terre, & qui y sèment du blé veulent en tirer une récolte... Moi, je sème des pièces de cinq francs ; je veux qu'elles me rapportent une ample moisson.

SAINT-RÉMY.

C'est un bon moyen de s'enrichir, quand on réussit.

GRIPARDIN.

Je fais mes efforts pour y arriver.

SAINT-RÉMY.

Je fuis complétement ruiné... je ne vous paierai pas.

GRIPARDIN.

Alors vous irez en prifon ; j'ai une prife de corps.

SAINT-RÉMY.

En prifon! vous n'oferiez pas.

GRIPARDIN.

Ah! je n'oferais pas!... vous allez voir. (*Il fait un mouvement pour fortir.*)

SAINT-RÉMY, à part.

Il en ferait capable. (*Haut.*) Un moment, Monfieur Gripardin.

GRIPARDIN.

Vous revenez à de meilleurs fentiments. Je comprends que vous préfériez le grand air & quelques pièces de cinq francs à la privation de la liberté... le bien le plus cher à l'homme.

SAINT-RÉMY.

Vous avez raifon ; d'autant que je me marie.

GRIPARDIN.

Alors, c'eft du temps que vous demandez? On peut

s'entendre... Et puis-je savoir qui Monsieur le Marquis veut honorer de son alliance ?

SAINT-RÉMY.

Ecoutez ; je vais tout vous dire... & aidez-moi. J'épouse une charmante jeune fille. Vous voyez d'ici la maison de son père.

GRIPARDIN.

Mademoiselle Pierre-Jean !... Peste ! le père est riche.

SAINT-RÉMY.

Je reçois 200,000 francs de dot ; & je vous paie après mon mariage.

GRIPARDIN.

Mais, pour vous marier, vous n'avez pas le sou.

SAINT-RÉMY.

J'ai mes titres.

GRIPARDIN.

Les pièces de monnaie sont les titres d'aujourd'hui.

SAINT-RÉMY.

Je vous dis que j'épouse 200,000 francs de dot. Faites-moi une avance pour la corbeille.

GRIPARDIN.

Volontiers. Venez jusques chez moi. Je vous compte

7,000 francs; vous me faites une lettre de change de 10,000; &...

SAINT-RÉMY.

Misérable! vous abusez de ma position pour me voler indignement.

GRIPARDIN.

Ah! Monsieur le Marquis, vous prenez 200,000 francs au père Pierre-Jean; je vous en demande 3,000, & vous criez!... Du reste, libre à vous;... je sais ce que j'ai à faire... votre mariage manquera, & je vous envoie en prison.

SAINT-RÉMY.

Vous êtes irrésistible... Je consens à tout.

GRIPARDIN.

Allons, c'est entendu : vous aurez vos 7,000 francs aujourd'hui même; venez. (*Politesses réciproques.*) Monsieur, veuillez passer.

SAINT-RÉMY.

Monsieur Gripardin, après vous.

GRIPARDIN.

Oh! Monsieur le Marquis, je ne me le permettrai pas... Votre famille, vos titres... je sais ce que je vous dois, (*A part.*) & ce que vous me devez.

Ils sortent ensemble.

SCÈNE XV.

GUIGNOL, qui a paru plusieurs fois au fond pendant la scène précédente & les a écoutés, sort de sa cachette & les fuit des yeux.

Nom d'un rat! quel patrigot (1) j'apprends là! Eh ben! ils ne risquent rien, les gones! quelle salade de dents de lion je vais leur servir! Attends, attends! (*Il frappe chez Pierre-Jean.*) Monsieur Jean-Pierre! Monsieur Pierre-Jean!

SCÈNE XVI.
GUIGNOL, PIERRE-JEAN..

PIERRE-JEAN.

Eh bien, Guignol, que viens-tu m'annoncer? A-t-on achevé le tirage?... Et Julien?...

GUIGNOL.

Oh! Julien! il a eu beau graboter dans le pot à l'eau, il n'a tiré que le mimero un. Si y avait eu un zéro, il le gobait.

PIERRE-JEAN.

Pauvre garçon, cela me contrarie.

GUIGNOL.

Mais, dites donc, Monsieur Pierre-Jean! Il court un

(1) *Patrigot;* affaire embrouillée, intrigue.

bruit dans le village... Mam'zelle Marie va fe marier, & avec qui donc ?

PIERRE-JEAN.

Ça ne te regarde pas.

GUIGNOL.

Ça me regarde pas!... On peut bien favoir.

PIERRE-JEAN.

Avec un jeune homme charmant.

GUIGNOL.

Oh! les gendres font toujours comme ça avant le contrat. Mais voyons voir fi je le connais... Dites-moi fon nom.

PIERRE-JEAN.

C'eft le Marquis de Saint-Rémy.

GUIGNOL.

M. de Saint-Rémy?... Tiens, vous donnez donc votre fille à un quéqu'un qui a pas le fou ?

PIERRE-JEAN.

Pas le fou ! fon père lui a laiffé 400,000 francs.

GUIGNOL.

Oui; mais il lui a laiffé auffi une corniole (1), & il a tout avalé.

(1) *Corniole;* gofier.

PIERRE-JEAN.

Explique-toi : que veux-tu dire ?

GUIGNOL.

Oh ! c'est toute une histoire. Il y a un instant, je venais chez vous, & deux personnes causaient ici, M. de Saint-Rémy & le père Gripardin, ce vieux grippe-sou, vous savez, qui reste là-bas à la barrière de fer & qui fait des louis d'or avec des pièces de cent sous. Ils me voyaient pas & j'ai tout entendu. M. de Saint-Rémy disait qu'il pouvait pas le payer. L'autre menaçait de le faire mettre en prison, à quoi il répondait : N'en faites rien ; j'épouse la fille de Pierre-Jean & je vous paie : son père lui donne 200,000 francs... Si je me marie, vous comprenez ben que ce n'est pas pour cette grande dinde, mais pour ses écus.

PIERRE-JEAN.

Comment, il a appelé ma fille grande dinde ? elle qui a été élevée dans un pensionnat.

GUIGNOL.

Oh ! il a bien dit aussi que vous étiez un filou...

PIERRE-JEAN.

Un filou !

GUIGNOL.

Oui, un filou !... f, i, fi ; l', ou, lou ; filou.

PIERRE-JEAN.

Tout le monde sait comment j'ai gagné ma fortune.

GUIGNOL.

Il disait que vous l'aviez gagnée à la foire d'Empoigne.

PIERRE-JEAN.

Je l'ai gagnée à la sueur de mon front.

GUIGNOL.

C'est bien ce qu'il disait. Il racontait que vous aviez eu bien chaud pour la gagner... Il racontait comme ça qu'un jour, y a longtemps, en revenant de Saint-Laurent-de-Mure, vous aviez trouvé une valise sur la route, que vous l'aviez subtilisée & que vous ne l'aviez ouverte qu'à Monplaisir, où vous êtes arrivé en courant, tout trempe de transpiration... V'là ce qu'il a dit !

PIERRE-JEAN.

Ce sont des contes que l'on fait ! je n'y fais pas attention.

GUIGNOL, à part.

Il se fâche pas ! (*Haut.*) Il a dit ben autre chose.

PIERRE-JEAN.

Qu'a-t-il dit ?

GUIGNOL.

Il a dit que vous étiez un vieux melon.

PIERRE-JEAN, irrité.

Il a dit que j'étais un melon !

GUIGNOL.

Oui, oui, un melon : & pas rien un cavaillon, mais un melon de Villeurbanne, arrofé de l'eau du lac de Veniffieux.

PIERRE-JEAN.

Ah ! il a dit que j'étais un vieux melon !

GUIGNOL.

Il s'eft pas gêné, allez. Et il en a encore mis par-deffus... cocombre, cornichon, pas feulement bon à mettre en cantine.

PIERRE-JEAN.

Ah ! il m'a traité de concombre ! Eh bien, je vais lui parler ; je vais lui porter fes chiffons & je lui ferai voir fi je fuis un melon, un concombre. (*Il fort.*)

GUIGNOL.

Oui, allez, parlez lui. (*Seul.*) Tout de même que la langue eft un bon batillon (1) !.. Ne le laiffons pas re-

*(1) *Batillon ;* battoir, inftrument avec lequel les lavandières frappent le linge.

froidir : je l'ai pas mal commencé, je vas le finir. (*Il sort du même côté.*)

SCÈNE XVII.

M. DE SAINT-RÉMY, feul.

Enfin, j'ai échappé à mon ufurier, & je vais apprendre de M. Pierre-Jean la réponfe qui doit me fauver... Il m'a donné une promeffe. Quant à fa fille, elle aura été éblouie fans doute par l'éclat de mon nom & de mon rang... Je ne dois pas défefpérer... Mais voici M. Pierre-Jean lui-même.

SCÈNE XVIII.

M. DE SAINT-REMY, PIERRE-JEAN.

SAINT-RÉMY.

Monfieur Pierre-Jean, je vous falue. Je venais chercher la réponfe, à laquelle mon cœur eft fi tendrement intéreffé.

PIERRE-JEAN.

Oh! Monfieur, il n'y a rien qui preffe. J'adore ma fille, & je ne veux pas qu'une funefte précipitation caufe fon malheur.

SAINT-RÉMY.

Ce n'eft pas là le langage que vous me teniez ce matin.

PIERRE-JEAN.

Depuis, il m'eſt venu quelques ſcrupules.

SAINT-RÉMY.

Ma famille eſt des plus honorables.

PIERRE-JEAN.

Il ne s'agit pas de votre famille ; mais de vous, Monſieur. On dit que vous êtes criblé de dettes.

SAINT-RÉMY.

Menſonges, que tout cela !

PIERRE-JEAN.

Je veux bien le croire... On dit notamment que vous venez de ſigner un billet de 10,000 francs à un certain Monſieur... dont le nom m'échappe.

GUIGNOL, de la couliſſe.

Gripardin.

SAINT-RÉMY.

C'eſt faux, complétement faux.

PIERRE-JEAN.

Eh bien, nous allons nous rendre chez lui pour vous juſtifier tout à fait.

SAINT-RÉMY.

Tant que vous voudrez... Je ne le connais pas.

PIERRE-JEAN.

Suivez-moi donc, Monsieur.

SAINT-RÉMY.

Je suis à vous. (*A part.*) Je suis perdu ; il va tout apprendre. C'est le moment de faire bonne contenance... Sauvons-nous ! (*Il s'enfuit.*)

SCÈNE XIX.

PIERRE-JEAN, GUIGNOL.

PIERRE-JEAN, riant.

Ah! ah! ah!... Eh bien, suis-je un melon ?

GUIGNOL, riant aussi.

Ah! ah! ah! comme il court!... J'espère que vous lui avez parlé catégoriquement. Vous lui avez fait voir qu'une ganache & vous ça fait deux. Mais ce n'est pas tout. Pour bien finir, comme vous avez commencé, il vous reste une chose à faire.

PIERRE-JEAN.

Explique-toi. Que te faut-il encore ?

GUIGNOL.

Ce qu'y me faut? Y faut marier votre fille avec quéqu'un qui l'aime, un brave jeune homme.

PIERRE-JEAN.

Avec qui?

GUIGNOL.

Je vas vous le dire... mais c'eſt quéqu'un, par exemple, qui a un petit défaut.

PIERRE-JEAN.

Un défaut! il eſt ivrogne?

GUIGNOL.

Non, il ne boit jamais que de lait.

PIERRE-JEAN.

Eſt-il joueur?

GUIGNOL.

Il ne joue qu'à la main chaude.

PIERRE-JEAN.

Qu'a-t-il donc?

GUIGNOL.

Ah? v'là le défaut!... Il n'a pas le ſou.

SCÈNE XIX.

PIERRE-JEAN.

Et il eſt aſſez audacieux pour prétendre à la main de ma fille à qui je donne 200,000 francs, ſans quitter prétentions !

GUIGNOL.

Il s'en contente.

PIERRE-JEAN.

Je le crois bien. Mais je ne veux pas d'un homme qui n'a pas le ſou. Ça ne fait pas mon compte.

GUIGNOL.

Ça fait le ſien. Vous les marierez en communauté.

PIERRE-JEAN.

Et ton protégé s'appelle... comment?

GUIGNOL.

Il ne s'appelle pas Comment.

PIERRE-JEAN.

C'eſt... qui?

GUIGNOL.

Ce n'eſt pas Qui.

PIERRE-JEAN.

Quoi donc?

GUIGNOL.

Ce n'eſt ni Qui, ni Quoi, ni Comment.

PIERRE-JEAN.

Dis-moi donc ſon nom, imbécile. Tu me fais languir avec tes bêtiſes.

GUIGNOL.

Je vas vous le dire. Vous me coupez toujours. C'eſt votre fils adoptif... Julien.

PIERRE-JEAN.

Julien! jamais!... moi qui l'ai élevé!... Il ſerait aſſez ingrat pour prétendre à la main de ma fille!

GUIGNOL, à part.

Je vois que c'eſt le moment de faire marcher les ſentiments. (*Haut.*) C'eſt pas étonnant que ce jeune homme penſe à votre fille. Ils ſe connaiſſent depuis tout petits. Il n'avait que ſept mois, quand vous l'avez ſauvé de cet incendie où ſon père & ſa mère ont été brûlés... avec un coq. « Pauvre orphelin, que vous avez dit, je l'adopte. » Vous l'avez apporté à votre bonne femme Marianne qui nourriſſait alors votre petite... & vous lui avez dit : « Femme, v'là un ſurcroît de travail. » Ils ont été nourris du même lait; ils ont grandi enſemble... & vous voulez qu'ils s'aiment pas!

PIERRE-JEAN.

C'eſt vrai! tu réveilles en moi bien des ſouvenirs... Ma

pauvre Marianne!... Mais tu fais bien que ce que tu proposes est impossible. Julien a tiré un mauvais numéro.

GUIGNOL.

Y a un de ses camarades qui part à sa place.

PIERRE-JEAN.

Ce n'est pas possible. Un remplaçant?... Qui est-ce qui le paie?

GUIGNOL.

Personne.

PIERRE-JEAN.

Un remplaçant qui n'est pas payé?... (*Guignol fait signe que oui.*) Je voudrais bien savoir qui c'est.

GUIGNOL.

Devinez voir.

PIERRE-JEAN.

Est-ce Guillaume Chicot?

GUIGNOL.

Bon! vous ne savez donc pas qu'il est boiteux? Il a une jambe de six pouces plus longue que l'autre... Pour lui battre la marche, il lui faudrait un tambour exprès.

PIERRE-JEAN.

Est-ce Jean Patachon?

GUIGNOL.

Encore! Il eſt borgne : quand y aurait 20,000 hommes, il n'en verrait que 10,000.

PIERRE-JEAN.

Eſt-ce Claude Mitouflet?

GUIGNOL.

Vous l'avez donc jamais vu par derrier? Il a ſus le dos un agacin (1) qui pèſe bien 18 livres.

PIERRE-JEAN.

Je ne peux pas deviner.

GUIGNOL.

Vous jetez votre langue aux chiens!... Voyons : le plus beau garçon, le plus beau danſeur, & le plus bavard du village.

PIERRE-JEAN.

Oh! le plus bavard, c'eſt toi. (*Guignol fait un ſigne d'aſſentiment.*) Mais tu n'y penſes pas, Guignol!... tu ne veux pas être militaire.

GUIGNOL.

Si; je veux être ſordat. Je reviendrai général, caporal; ça m'eſt égal. Je me ſens un courage, que 20,000 Coſa-

---

(1) *Agacin;* cor aux pieds.

ques me font pas peur... Et vous donnerez votre fille à Julien ?

PIERRE-JEAN.

Mais ma fille le voudra-t-elle pour mari ?

GUIGNOL.

Père Pierre-Jean, je vous dis qu'elle le refusera pas.

PIERRE-JEAN.

Eh bien ! nous verrons plus tard.

GUIGNOL.

Oh ! plus tard !... Il faut voir tout de suite... Ces enfants s'aiment... Quand vous vous êtes marié, votre pauvre défunte, qui était une si bonne femme, vous l'aimiez... Si on vous avait dit : Pati, pata... nous verrons plus tard...

PIERRE-JEAN.

Ma bonne Marianne !... Tiens, Guignol, tu es un enjoleur !... Je consens.... Viens avec moi ; nous causerons de ce mariage.

GUIGNOL, à part.

Qu'est-ce que je disais donc que j'allais me faire sordat?... me v'là notaire à présent. (*Ils sortent.*)

SCÈNE XX.
JULIEN, MARIE.

JULIEN, entrant.
Allons faire mes adieux à Mademoiselle Marie.

MARIE, entrant.
Mon pauvre Julien, il vous faut donc partir?

JULIEN.
Mademoiselle Marie, je pars le cœur brisé. Moi qui voulais demander votre main à Monsieur votre père.

MARIE.
Je le sais.

JULIEN.
Attendez-moi, Mademoiselle... Dans sept ans je reviendrai avec les épaulettes & la croix... peut-être.

MARIE.
Oui, Monsieur Julien : je serai heureuse & fière d'être votre femme. L'attente ne me paraîtra pas longue, en songeant à ce bonheur.

SCÈNE XXI.
LES MÊMES, PIERRE-JEAN, GUIGNOL.

PIERRE-JEAN, sévèrement.
Que faites-vous là ?

SCENE XXI.

JULIEN.

Je venais faire mes adieux à Mademoiselle Marie.

MARIE.

Et moi, mon père, je lui promettais d'attendre qu'il revînt capitaine & avec la croix, pour l'épouser.

PIERRE-JEAN.

Qu'est-ce que j'apprends là ?... vous parlez de vous marier ! & sans ma permission !

GUIGNOL.

Ah ! c'est affreux, c'est incroyable !... ces enfants-là ont mérité une punition exemplaire.

PIERRE-JEAN.

Oui, exemplaire... Guignol a raison.

MARIE, à Guignol.

Méchant !

GUIGNOL.

Qu'est-ce qu'on pourrait bien leur faire pour les punir !... Ils veulent se marier dans sept ans ; à votre place, je les marierais tout de suite.

MARIE.

Mon père !

PIERRE-JEAN.

Je ne me laisse pas attendrir; je suis fort en colère!... Mais Guignol est un homme de bon conseil. Embrassez-moi; je vous marie aujourd'hui.

MARIE & JULIEN.

Oh! mon père! (*Ils l'embrassent.*)

JULIEN.

Hélas! ma chère Marie, il faudra pourtant que je vous quitte... Il faut que j'aille rejoindre le régiment.

GUIGNOL.

Laisse, laisse... Tu ne sais donc pas! Y a quéqu'un qui part à ta place.

JULIEN.

A ma place?

PIERRE-JEAN.

Oui, un bon camarade, un ami... Tiens, embrasse-le aussi; c'est ce brave Guignol.

JULIEN.

Guignol! mais je ne veux pas que tu partes pour moi.

GUIGNOL.

Si, si; je veux partir : je veux être sordat mirlitaire;

je veux aller à la bataille... Je me marie pas, moi... Et puis tu sais bien les qualités d'un bon soldat, il t'en manque à toi ; moi, je crois que je les ai toutes.

JULIEN.

Mon brave camarade !... Eh bien ! j'ai 600 francs d'économies ; accepte-les d'abord.

GUIGNOL.

Pas de ça, Julien, pas de ça.

JULIEN.

Tu les accepteras ; sinon, je pars.

GUIGNOL.

Eh bien, garde-les moi pour mon retour.

PIERRE-JEAN.

C'est moi qui me charge de lui. Pour commencer, puisque tu pars pour faire le bonheur de mes enfants, je t'enverrai 50 francs par mois.

GUIGNOL.

Tous les mois... toutes les semaines, si vous voulez !... (*A part.*) Si ça continue, j'aurai bientôt autant de pécuniaux qu'un colonel.

PIERRE-JEAN.

Et à ton retour, tu trouveras toujours une place à la maison.

GUIGNOL.

Oh! ça, c'est pas de refus, surtout si je reviens avec un œil de plus & une jambe de moins. (*A Julien.*) Ah! dis donc, Julien, j'ai à te demander quelque chose... Permets-moi d'embrasser ta femme.

JULIEN.

Je le veux bien.

MARIE.

Et moi aussi.

GUIGNOL, à part.

J'ose pas... Allons, ganache, embrasse-la donc! (*Il l'embrasse.*)

MARIE.

Guignol, vous êtes un brave garçon.

GUIGNOL.

Allons, ce qu'elle me dit là, ça me donne de courage pour toute la prochaine campagne.

JULIEN.

Je veux au moins te faire un cadeau que tu ne refuseras pas... je te donne le sac de mon père qui a été sauvé de l'incendie & qui a été aux Pyramides.

GUIGNOL.

Ah! il a vu les Pyramides face à face, le sac du père Julien!

JULIEN.

Il te portera bonheur.

GUIGNOL.

Ces facs-là, ça doit pas craindre les balles.

JULIEN.

Sans doute, il n'a jamais été tourné du côté de l'ennemi. Viens le chercher; il eſt chez la mère Simonne, l'ancienne vivandière.

Ils entrent tous deux dans une maiſon voiſine. — Les autres ſortent.

SCÈNE XXII.
Dans la couliſſe.

GUIGNOL, LA MÈRE SIMONNE.

GUIGNOL.

Mère Simonne, je viens chercher le fac de Julien. Je me fuis enrôlé à fa place & je pars pour l'armée de la guerre.

MÈRE SIMONNE.

Le fac du père Julien! Il eſt un peu dépillandré... Il faut que je le cherche & que j'y faſſe un point... Ah! le voilà!... attends moi-z-un moment.

GUIGNOL.

J'attends, j'attends, mère Simonne.

MÈRE SIMONNE.

Ah! ce fac me rappelle bien des fouvenirs... poignants. Il me femble, en le rapetaffant, que je fuis encore dans cette fatanée Egypte, où tant de braves font reftés.

GUIGNOL.

Il en eft donc bien mort?

MÈRE SIMONNE.

Des milliers de milliers, mon petit Guignol... Je vois encore le pauvre fergent Mitouflard avalé par un cocodrille... même que cette vilaine bête me dévora l'orteil du pied gauche, en faifant un trou à mon bas... Il a croqué Mitouflard tout entier, en uniforme, avec fon fchako & fes bottes... Il en a eu une indigeftion, le monftre!... Il a rendu le fchako & les bottes; mais (*Elle fanglotte.*) il n'a pas rendu le pauvre Mitouflard.

GUIGNOL.

Allons, merci, mère Simonne! au revoir!

SCÈNE XXIII.

GUIGNOL, feul, le fac fur le dos, un fchako, un énorme plumet. Il chante :

AIR :

Mon pauv' Guignol, te v'là donc mirlitaire !
Le fac fur l' dos, te vas fair' ben du chemin.
Il t' faut quitter Veniffieux, la Guillotière,
Le marché d' Vaife, la Croix-Rouffe & Serin !

On ne fait pas ce qu'on attrape à la guerre.
Ton vieux Lyon, dis moi, l'reverras-tu ?
Reviendras-tu du côté de Fourvière ?
Reviendras-tu du côté de Saint-Juſt ?

Allons ! allons ! du courage ! Nom d'un rat !

SCÈNE XXIV.

GUIGNOL, UN SERGENT, TROUPE DE CONSCRITS.

Roulement de tambour.

LE SERGENT.

Attention ! à gauche ! alignement !

GUIGNOL.

Dites donc, ſergent ; où donc que c'eſt la gauche ?

LE SERGENT.

La gauche eſt l'oppoſé de la droite.

GUIGNOL.

Et où donc que c'eſt la droite ?

LE SERGENT.

La droite eſt l'oppoſé de la gauche. Ceci eſt un ſecret du commandement qu'on vous apprendra plus tard. Maintenant, attention ! A l'appel ! (*Il appelle ſucceſſivement les conſcrits qui répondent : Préſent !*) Gros-Pierre !... Carabi !... Chauſſon !... Grataloup !... Guignol !

GUIGNOL.

Préfent ! préfent ! préfent !

LE SERGENT.

Je ne fuis pas fourd. On ne répond qu'une fois.

GUIGNOL.

Vous êtes pas fourd, tant mieux pour vous ; mais moi, y a pas befoin que je foye muet.

LE SERGENT.

On ne raifonne pas fous les armes.

GUIGNOL, à part.

Ah ! s'il va être méchant, je lui fais prendre un bain, en paffant le pont Morand.

UN CONSCRIT.

Allons, clampin, on ne doit pas répondre au fergent.

GUIGNOL.

Te m'appelles clampin, toi !... ah ! je te cogne le melon ! Te ne connais pas les Lyonnais de la Croix-Rouffe.

LE SERGENT.

Allons ! la paix ! (*A part.*) Je vois qu'il faut les amadouer. (*Haut.*) Z'enfans, marchons comme il faut ! En paffant à Vaife, je paie dix bouteilles de vin.

GUIGNOL.

S'il paye à boire, c'est un bon.

LE SERGENT.

Attention! En avant, pas accéléré!

GUIGNOL.

Sergent, si vous vouliez vous contenter du pas ordinaire pour le moment... j'ai couru toute la journée & mes picarlats sont pas bien solides... je pourrai vous rattraper plus tard.

CHOEUR.

AIR :

En avant, dépêchons!
Il faut plier bagage!
Adieu, not' cher village!
P't-être bien que nous reviendrons!

Le tambour bat la marche. — Ils défilent tous, Guignol le dernier, & font deux fois le tour du théâtre, en chantant avec accompagnement de tambour. — Pierre-Jean, Julien & Marie paraissent dans le fond & leur adressent des gestes d'adieu.

FIN DES CONSCRITS DE 1809 (1).

(1) On a joué en 1823 à la Porte-Saint-Martin, & en 1824 aux Variétés, un vaudeville de Merle, Simonnin & Ferdinand, intitulé : le Conscrit, dans lequel, au dire des contemporains, l'acteur Potier faisait verser bien des larmes mêlées de bons rires. La donnée de ce vaudeville est assez semblable à celle des Conscrits de 1809. Mais le titre qu'a toujours porté la pièce jouée par Mourguet & plusieurs de ses détails prouvent qu'elle a été représentée à une date bien antérieure. Elle a, du reste, un cachet populaire qui la rend essentiellement différente de l'œuvre faite pour Paris.

MA PORTE D'ALLÉE.

PIÈCE EN UN ACTE

PERSONNAGES :

GUIGNOL, *cordonnier.*
GNAFRON, *ami de Guignol.*
CHALUMEAU, *rentier.*
DUPÉTRIN, *garçon boulanger.*
Mᵐᵉ SERINGUET, *belle-mère de Guignol.*
MADELON, *femme de Guignol.*

MA PORTE D'ALLÉE
PIÈCE EN UN ACTE.

Une place publique.
A la droite du spectateur & au premier plan, la maison qu'habite Guignol.

SCÈNE PREMIÈRE.

GUIGNOL, GNAFRON.
On entend sonner minuit.

GNAFRON.

ALLONS, Guignol, plus qu'une bouteille! Le cabaret du père Chibroc est fermé, mais nous passerons par l'allée ; y a toujours moyen de se faire reconnaître... Des pratiques comme nous... ça a des protections.

GUIGNOL.

Non, il eſt minuit ſonné... j'ai promis, à partir du premier janvier, de rentrer de bonne heure.

GNAFRON.

Panoſſe, va !... Tu ne viens pas ?... c'eſt décidé ?

GUIGNOL.

Je me ſuis acheté une Conduite pour mes étrennes.

GNAFRON.

Oui, mais pour l'avoir meilleur marché, te l'as priſe d'occaſion; y a des feuillets déchirés... En attendant, faut pas qu'on dérange Moſſieu.

GUIGNOL.

Non, non... j'allais de gaviole (1) hier en rentrant... je veux monter aujourd'hui mon eſcayer ſans zigueza-guer.

GNAFRON.

Eh bien! adieu! mes compliments à ton épouſe. Je trouverai bien quéques amis par là, & ſi tu me reviens, ingrat, compte ſur ton pardon... Adieu, modèle des époux !

GUIGNOL.

Adieu, vénérable pochard!

(1) *De gaviole;* de travers.

GNAFRON.

Adieu, vertueux gilet de flanelle! (*Il sort*).

SCÈNE II.

GUIGNOL, seul. Il va vers sa porte.

Allons! bon! me v'là frais! Qué polisson de guignon!... j'ai oublié ma loquetière (1)... je vas encore une fois, comme ils disent, perturber la tranquillité publoque. V'là comment on se fait des mauvaises réputations qu'on mérite pas. Allons, faut réveiller Madelon. (*Il frappe six coups à la porte.*) Ben sûr qu'elle va pas m'entendre... c'est son premier sommeil. C'est embêtant tout de même de demeurer au sixième au-dessus de l'entresol, dans une maison qui a pas de concierge. Je lui ai dit aussi au propriétaire : Je te dois deux termes; te ne verras la couleur de mes pécuniaux que quand te mettras un portier dans ton immeuble... Personne ne buge! repiquons! (*Il frappe plus fort.*) C'te fois Madelon soupçonnera p't-être que c'est moi qui tape; ça fait déjà douze coups... J'aurais mieux aimé en boire six avec Gnafron. Je m'en vais le rejoindre, si quéque voisin me jette pas une loquetière par sa croisée... Rien! ni Madelon, ni voisin, ni voisine!... ils ont donc tous la tête sous le traversin!... J'aurai peut-être pas appuyé le marteau assez fort. (*Il frappe plus fort.*) Tiens! j'entends une

---

(1) *Loquetière;* clé d'allée.

fenêtre qui s'ouvre, je vas enfin pouvoir rentrer sous le toit conjugal ! (*On voit tomber le contenu d'un pot de chambre.*) Ah ! canaille !... ah ! sampille !... c'est comme ça que te m'arranges !... tu inondes le monde !... T'es ben heureux que je n'aye pas vu d'où ça sortait, grand filou !... je te descendrais tes vitres !... Encore que ça sent pas la rose ! brrrou !... que ça infeste !... Va-nus-pieds ! propre à rien !... je t'en paierai des rafraîchissements de cette sampote (1) !... Rouvre donc ta lucarne, que je la retrouve demain matin, grand lâche !... Ah ! te n'aimes pas le bruit !... Ah ! te veux qu'on te laisse dormir !... Je vas t'en faire du vacarme, gredin !... Te peux rejeter encore quéque chose !... (*Il frappe à coups redoublés.*) Te veux des songes... te veux des rêves dorés, n'est-ce pas ?... Déclare-le, affreux gandou (2) ! (*Il frappe encore.*)

SCÈNE III.

CHALUMEAU, GUIGNOL.

CHALUMEAU, dans la coulisse.

Merci ! merci ! merci ! (*Entrant*). Jeune homme, je vous remercie bien.

GUIGNOL.

De quoi ?

---

(1) *Sampote;* ancienne mesure des liquides dans le Lyonnais; pièce de vin de cent pots.
(2) *Gandou;* vidangeur.

SCENE III.

CHALUMEAU.

Je suis réveillé.

GUIGNOL.

Qué que ça me fait?

CHALUMEAU.

Je viens pour vous éviter la peine de continuer.

GUIGNOL.

De continuer quoi?

CHALUMEAU.

Mais de frapper donc; je vous ai entendu tout de suite.

GUIGNOL.

Qu'est-ce qu'il chante, çui là?... qui êtes-vous?

CHALUMEAU.

Et parbleu! je suis Chalumeau; vous devez bien le savoir.

GUIGNOL.

Je suis pas sorcier. D'où sortez-vous donc?

CHALUMEAU.

De là en face... Je vous suis bien obligé.

GUIGNOL.

Et de quoi?

CHALUMEAU.

D'avoir frappé.

GUIGNOL.

Où ça ?

CHALUMEAU.

Mais, parbleu ! à la porte.

GUIGNOL, à part.

Est-ce que ça ferait lui qui m'a si bien fleuri ?

CHALUMEAU.

J'avais tant peur de ne pas entendre là bas, sur mon derrière...

GUIGNOL, à part.

Son derrière !...

CHALUMEAU.

Parce que mes croisées donnent sur la cour.

GUIGNOL, à part.

Ah !... alors ce n'est pas mon fleuriste.

CHALUMEAU.

J'avais tant peur de manquer le bateau de six heures.

GUIGNOL.

Quelle heure croyez-vous donc qu'il est ?

CHALUMEAU.

Mais approchant de cinq heures.

GUIGNOL.

Il n'eſt qu'une heure, pauvre vieux.

CHALUMEAU.

C'eſt bien un peu tôt.

GUIGNOL.

Mais que me veut-il? que me veut-il?

CHALUMEAU.

J'ai voulu dire un peu matin. Eſt-ce que vous avez déjà mis en levain?

GUIGNOL, s'emportant.

Qué que vous dites? c'eſt vous qui êtes dans le vin!

CHALUMEAU.

Je ne vous parle pas de vin; je vous parle de levain.

GUIGNOL.

Ah! ça, papa Chalumeau, avez-vous bientôt fini ces bétiſes?

CHALUMEAU.

Vous n'êtes donc pas le garçon boulanger qui devait m'appeler en ſe levant?...

GUIGNOL.

Boulanger!... Regarde donc c'te touche, fi ça reffemble à un mitron.

CHALUMEAU.

Je n'ai pas voulu vous offenfer.

GUIGNOL.

Tenez, papa Chalumeau, vous avez l'air d'un bon enfant, & je vas vous donner un confeil. Si vous vous mettez en route, prenez un parepluie.

CHALUMEAU.

Eft-ce qu'il pleuvra?

GUIGNOL.

Il a déjà plu... & une pluie graffe... Tenez, fentez plutôt. (*Il s'approche.*)

CHALUMEAU.

Ah! pouah!... (*Il éternue.*) Atchi! atchi!...

GUIGNOL.

A vos fouhaits!... Comment trouvez-vous le bullion?

CHALUMEAU.

Saprifti, quel tabac!... Voulez-vous une éponge?

GUIGNOL.

Je préfère une trique!...

CHALUMEAU.

Pour vous nettoyer?

GUIGNOL.

Non, pour nettoyer quéqu'un... le premier qui me tombe fous la main.

CHALUMEAU.

Diable! qu'eft-ce qui vous prend?

GUIGNOL.

Ça ne me prend pas... ça me reprend. C'eft pourtant ma femme qui eft caufe que me v'là dans ce bel état.

CHALUMEAU.

Comment, c'eft elle qui... (*Il éternue.*) Atchi! atchi!

GUIGNOL.

Pas directement; c'eft un de par là-haut, du troifième ou du quatrième... Mais fi ma femme m'avait ouvert plus tôt, vous ne feriez pas réveillé par le ficotti (1) que j'ai fait en chapotant ma porte, & je n'aurais pas fur moi ce bouquet de violettes qui vous fait tant éternuer.

CHALUMEAU.

C'eft auffi l'air frais du matin... Mais j'y fonge; voulez-vous un peu vous abriter chez moi, pendant que je vais préparer ma valife?

(1) *Sicotti;* tapage, vacarme.

GUIGNOL.

Merci de votre honnêteté! je donne trop d'odeur... (*A part.*) Ah! gredin! faligot! fi je te tenais...

CHALUMEAU.

Ça n'y fait rien, je suis enchanté d'avoir fait votre connaissance.

GUIGNOL.

Et moi aussi, papa Chalumeau... Si nous nous embrassions, avant de nous quitter?

CHALUMEAU.

Non... pas pour aujourd'hui. Donnez-moi votre nom & votre adresse... à mon retour nous nous reverrons.

GUIGNOL.

Mon nom, Guignol; mon état, cordonnier en vieux; & tant qu'à mon adresse, v'là ma porte.

CHALUMEAU.

Et l'étage?...

GUIGNOL.

Si on retourne jamais la maison sens dessus dessous, je me trouverai à la cave.

CHALUMEAU.

Ah! farceur! je comprends... Allons, adieu, Monsieur

Guignol; j'ai une peur de tous les diables de me rendormir.

GUIGNOL.

Oh! fi c'eft ça qui vous inquiète, rentrez fans crainte... je vas recommencer mes chapotements. (*Avec colère.*) J'en ai bien le droit, je paie mon loyer... ou à peu près... je fuis marié légitimement... N'y a pas à dire, faut qu'on m'ouvre!...

CHALUMEAU.

Vous avez raifon... Bonjour, au revoir! (*En s'en allant.*) Peut-on empefter de la forte!

GUIGNOL.

Prenez garde à pas degringoler par vos édegrés, papa Chalumeau.

SCÈNE IV.

GUIGNOL, feul.

Oui, mettez-vous à la foûte, c'eft prudent. Pour moi, ça m'eft égal... un peu plus, un peu moins... Si on rejette, je baifferai la tête. En attendant, je vas recommencer mon charivari, jufqu'à ce que le pofte en prenne les armes. Ils peuvent tous me pleuvoir deffus, à préfent. (*Il frappe.*) Toujours point de feu chez moi!

SCÈNE V.
GUIGNOL, DUPÉTRIN.

DUPÉTRIN, entrant.

Où dites-vous que le feu est?

GUIGNOL.

Ça vous regarde pas. Etes-vous pompier?

DUPÉTRIN.

Non; mais c'est égal, je...

GUIGNOL.

Eh! bien, laissez-moi tranquille.

DUPÉTRIN.

Mais le bruit que vous faites me regarde; vous me faites concurrence.

GUIGNOL.

Ah! bah! Est-ce que votre femme vous laisse aussi à la porte?

DUPÉTRIN.

Il ne s'agit pas de femme, mais d'une pratique au patron que je viens réveiller. Je vais vous conter ça. (*Il s'approche & flaire.*) Ah! mais ne restons pas là. (*Il l'em-*

mène à l'autre bout du théâtre.) Je viens réveiller un bourgeois.

GUIGNOL.

En frappant à son allée?

DUPÉTRIN.

Juste... (*A part.*) Mais c'est encore plus fort de ce côté-ci. (*Haut.*) Venez donc par là... C'est un bourgeois qui veut se lever matin.

GUIGNOL.

Pour prendre le bateau de six heures?

DUPÉTRIN.

Précisément. (*A part.*) Sapristi! mais ça sent de tous les côtés (1).

GUIGNOL.

Est-ce que vous avez envie de danser que vous bougez toujours?

DUPÉTRIN.

Non, mais il y a là une odeur...

GUIGNOL.

Faites pas attention, je vous dirai ce que c'est... En

---

(1) Il y a ici un souvenir & peut-être une imitation d'une pièce de Dorvigny qui eut au siècle dernier un grand succès populaire, *Janot* ou *les battus paient l'amende.*

tout cas, ne vous tourmentez plus de votre bourgeois ; j'ai fait votre ouvrage.

DUPÉTRIN.

Vous êtes sûr qu'il est réveillé ?

GUIGNOL.

J'y ai pris peine.

DUPÉTRIN.

Est-ce que vous seriez aussi garçon boulanger ?

GUIGNOL.

Boulanger !... Si te disais garçon parfumeur, à la bonne heure ; tiens, sens plutôt.

DUPÉTRIN, éternuant.

Atchi ! atchi !... Ah ! voilà donc ce que je sentais ! Dites donc, parfumeur ; il paraît que vous ne travaillez pas sur le jasmin ?

GUIGNOL.

Si j'avais eu un parepluie, ça me serait pas arrivé ; mais le parepluie aurait changé de couleur.

DUPÉTRIN.

Eh ! bien, si vous êtes marié, vous allez joliment embaumer votre ménage.

GUIGNOL, avec rage.

Oui, oui, je suis marié !...

DUPÉTRIN.

Alors je comprends que votre femme préfère vous laisser en plein air.

GUIGNOL.

Mais auffi, demain matin, je caffe tout chez nous.

DUPÉTRIN.

Ça vous avancera bien ; c'eft vous qui payerez... Allons, bonjour ! je rentre chez le patron ; nous faifons encore des gâteaux aujourd'hui.

GUIGNOL.

Si te veux de la vanille... faut pas te gêner.

DUPÉTRIN.

Merci !... ça donnerait trop de goût à nos gâteaux des rois.

GUIGNOL.

Des gâteaux des rois !... (*A part.*) Ah ! brigand !... ah ! canaille !... ah ! gredin !... ah ! vaurien de Guignol !...

DUPÉTRIN.

Qué qui vous prend donc?

GUIGNOL.

Des gâteaux des rois !... Et moi qu'avais promis à ma

femme d'aller la rejoindre aux Pierres-Plantées, chez ma belle-mère, pour tirer un pognon (1) en famille! C'est ce gueux de Gnafron que m'a fait oublier la configne; ils vont me croire perdu, ils vont aller me faire crier.

DUPÉTRIN.

Bath!... ça n'en vaut pas la peine...

GUIGNOL, le menaçant.

Te m'infultes, poliffon !

DUPÉTRIN.

Doucement!... vous n'avez pas compris; je dis que c'eft pas la peine de vous faire crier, puifque vous êtes tout trouvé.

GUIGNOL.

A la bonne heure, mitron! Mais il me femble qu'y vient quéqu'un de ce côté?

DUPÉTRIN.

Oui, oui, v'là deux femmes.

GUIGNOL.

Ma belle-mère & Madelon, fûr... Elles galopent à ma recherche.

DUPÉTRIN.

Y va y avoir des explications...

(1) *Pognon, pogne;* forte de gâteau en ufage dans nos campagnes.

GUIGNOL.

Ah! y faut pas qu'on me cherche querelle... La main me démange.

DUPÉTRIN.

Adieu, voisin! (*A part.*) Y aura des tapes... Je vais voir si le papa Chalumeau n'est pas rendormi & je reviens tout de suite... Ça sera drôle.

SCÈNE VI.

GUIGNOL, puis MADELON et Mme SERINGUET.

MADELON, dans la coulisse, pleurant.

Hi! hi! hi! hi! hi! hi!...

Mme SERINGUET, dans la coulisse.

T'as ben de la bonté, ma fille, de pleurer pour ce gueux-là; ben sûr qu'il n'en ferait pas tant pour toi, le sac à vin!

GUIGNOL.

C'est la voix de Mme Seringuet, ma douce belle-mère!... Elle parle jamais de moi qu'avec avantage. Comment vais-je me tirer de là?... Faut que je leur conte quéque chose. (*Il se place à l'un des angles de la scène.*)

Mme SERINGUET, entrant.

Je t'ai assez prévenue... c'est pas faute d'avis, c'est bien contre mon gré... T'as voulu époufer ce vaurien, tant pire pour toi.

MADELON.

Mais où eft-il donc, ce monftre?... Il lui fera arrivé quelque chofe, bien fûr.

GUIGNOL, s'avançant.

Rien du tout, à moi, Madelon.

MADELON et Mᵐᵉ SERINGUET, enfemble.

Ah! te voilà, canaille! ivrogne! chenapan! gredin! pillandre!

MADELON, très-vite.

C'eft comme ça que t'es venu tirer un pognon en famille... aux Pierres-Plantées, comme te l'avais promis... monftre!

Mᵐᵉ SERINGUET.

Il a bien préféré s'ivrogner à fon aife avec cette fampille de Gnafron.

GUIGNOL.

Si vous me laiffez pas parler, vous faurez rien du tout.

MADELON.

Parle donc, fcélérat, & dépêche-toi.

Mme SERINGUET.

Oui, parle; abominable homme!

GUIGNOL, très-vite.

Voici la chofe : c'eſt ma pauvre petite filleule, la fille de l'oncle à mon grand-père... elle avait les yeux rouges, on a cru qu'il était entré quéque chofe dans fes fouliers; on lui a fait boire du vulnéraire, ça s'eſt trouvé de l'eau de javelle... V'là qu'on vient me chercher comme je partais pour te rejoindre. Le ventre du grand père commençait à enfler... on fait venir le médecin... il lui pofe un véſicatoire... Mais la Saône montait toujours; elle charriait des glaces... on battait la retraite... le véſicatoire n'a pas pris... Les voifins fe font amaffés dans la rue... y en avait plus de trois mille... le commiffaire eſt venu... il en a emmené fept à la cave... il m'a fallu faire ma dépofition... & ça m'a retardé jufqu'à préfent.

Mme SERINGUET.

As-tu compris quéque chofe, Madelon?

MADELON.

Oh! le brigand!... c'eſt une colle qu'il nous conte pour nous cajoler; mais ça fe paffera pas ainfi.

SCÈNE VII.
LES MÊMES, DUPÉTRIN et CHALUMEAU,
DANS LE FOND.

Mme SERINGUET.

Non, ça ne se passera pas comme ça; c'est une horreur, une abomination; une conduite de cour d'assises. (*Elle menace Guignol.*)

GUIGNOL.

Si vous approchez, je griffe!...

CHALUMEAU & DUPÉTRIN, les excitant à se battre.

Csit! csit!...

MADELON, s'avançant vers Guignol.

Ah! ciel! quelle odeur!... Mais d'où sors-tu, vilain malpropre?... Pouah! pouah!...

Mme SERINGUET.

Pouah! pouah!

GUIGNOL.

Oui, parlons-en... c'est en vous attendant qu'on m'a arrangé comme ça... C'est mon gâteau des rois... j'ai eu la fève.

MADELON.

C'est bien fait, vaurien.

SCENE VII.

Mᵐᵉ SERINGUET.

Il n'a que ce qu'il mérite.

GUIGNOL.

Ah! la moutarde me monte au nez.

Mᵐᵉ SERINGUET.

Elle est forte ta moutarde! elle est à l'estragon.

GUIGNOL.

Belle maman, le temps est à l'orage... il a déjà plu... il va pleuvoir autre chose!

MADELON.

Fais donc pas tant ton crâne.

GUIGNOL.

Madelon, t'as la loquetière... amène la vite.

MADELON.

Non!

Mᵐᵉ SERINGUET.

La donne pas, ma fille.

GUIGNOL.

La loquetière, ou je cogne!...

MADELON.

La voilà, garnement! (*Elle la lui donne.*)

Mᵐᵉ SERINGUET.

T'es ben trop bête, ma fille.

GUIGNOL, qui eſt allé ouvrir la porte, revient vers Mᵐᵉ Seringuet & la pouſſe dans l'allée.

Vous, belle maman, filez devant.

Mᵐᵉ SERINGUET, criant & diſparaiſſant.

Oh! le ſcélérat! le brigand! A la garde! à la garde!

GUIGNOL, revenant vers Madelon.

A ton tour, à préſent! (*Il veut la pouſſer, elle réſiſte.*)

MADELON.

Non, je rentrerai pas comme ça... tiens! (*Elle le prend aux cheveux. Ils ſe battent.*)

Dupétrin & Chalumeau s'avancent.

CHALUMEAU.

C'eſt indigne! battre ainſi ſa femme... troubler tout le quartier... & encore répandre une pareille odeur!... C'eſt immoral!... Vous allez venir au corps-de-garde...

DUPÉTRIN.

Oui, oui;... au corps-de-garde!

GUIGNOL, les frappant avec un bâton.

De quoi vous mêlez-vous? (*A Chalumeau.*) Toi, va prendre le bateau de ſix heures.

CHALUMEAU, se sauvant.

A l'assassin !...

GUIGNOL, à Dupétrin.

Toi, va faire tes gâteaux... Mets-y cette prune.

DUPÉTRIN, se sauvant.

Au voleur !...

MADELON, s'enfuit aussi en criant.

A la garde ! à la garde !

SCÈNE VIII.

GUIGNOL, seul.

Eh bien ! soyez donc gentil !... rentrez bien tranquillement chez vous avec des bonnes intentions !... Arrosé d'eau de senteur... & par-dessus traité de voleur, d'assassin !... Tout le quartier à mes trousses... Ça me serait pas arrivé, si j'avais continué à boire avec Gnafron... Ah ! la vertu n'est pas récompensée... Allons, rentrons chez moi... pourvu que j'aie pas perdu la loquetière dans la bagarre.

SCÈNE IX.

GUIGNOL, GNAFRON, plusieurs amis, CHALUMEAU et DUPÉTRIN. Ils sont tous armés de bâtons.

GNAFRON, entrant précipitamment.

Où est-il ?... où est-il ?

GUIGNOL.

Tiens!... c'eſt Gnafron & les amis.

GNAFRON, cherchant.

Où eſt-il?

GUIGNOL.

Qui donc?

GNAFRON.

L'aſſaſſin? le voleur?

GUIGNOL.

Lequel?

GNAFRON, reconnaiſſant Guignol.

Tiens! c'eſt toi, mon vieux!... Pas encore couché!...

GUIGNOL.

Eſt-ce que vous faites patrouille?

GNAFRON.

V'là la choſe... nous étions chez Chibroc, quand nous avons entendu crier: Au voleur! à l'aſſaſſin! Nous avons pris les armes & nous v'là.

GUIGNOL.

Ça n'eſt rien du tout... y a point d'aſſaſſin, je t'expli-caſſerai ça; mais, vois-tu, y m'eſt arrivé toutes ſortes d'aventures c'te nuit... Pour le moment j'ai ſoif... Retournons chez Chibroc... je te conterai tout.

SCÈNE IX.

GNAFRON.

T'es toujours mon ami, Guignol... Embrasse-moi !

GUIGNOL, se jetant dans ses bras.

Oui, oui ; je suis un vrai t'ami.

GNAFRON, éternuant.

Atchi ! atchi !... Saperlotte, est-ce que te t'es enrôlé dans les porteurs de bennes (1) de nuit ? Quel bouquet !...

GUIGNOL.

Est-ce que te crains cette odeur ?

GNAFRON.

Bah ! je suis pas bien difficile... T'as pris médecine ?

GUIGNOL.

C'est un pot de basilic que m'a dégringolé sur la tête.

GNAFRON.

T'as toujours de la chance, toi. Credié, que t'es musqué !... Au premier abord, c'est un peu fort... mais on s'habitue vite...

GUIGNOL.

Le père Chibroc va nous sentir venir de loin... ça lui fera plaisir.

(1) *Benne*, grand vase de bois, employé à divers usages & notamment dans l'industrie nocturne qui fournit si souvent la matière des plaisanteries de Guignol.

GNAFRON.

Ah! dis donc... t'as d'argent, Guignol?... parce que Chibroc eſt un malhonnête... il nous a mis à la porte, ſous prétexte que nous avions pas le ſou.

<small>On entend ſonner ſix heures.</small>

CHALUMEAU.

Sapriſti! il eſt ſix heures... j'ai manqué le bateau à vapeur.

GNAFRON.

Vous êtes donc là, papa Chalumeau. V'là une lettre pour vous... c'eſt votre concierge qui buvait avec nous qui me l'a donnée... Y a deux jours qu'il l'a... mais comme il ne déceſſe pas de ſe boiſſonner... il l'avait oubliée... Il nous a chargé de vous la remettre... parce que le pauvre homme, voyez-vous, nous l'avons laiſſé ſous la table chez Chibroc..

CHALUMEAU.

Donnez donc vite, père Gnafron. (*Il ouvre & lit.*) Ah! quel bonheur! je ne pars plus? J'hérite de deux cent mille francs... je ne me ſens pas de joie... Mes amis, je paie à boire à tout le monde... je paie à déjeuner... Bombance toute la journée... Suivez-moi! ſuivez-moi!...

TOUS.

Suivons-le!... ſuivons-le...

SCÈNE X.

LES MÊMES, MADELON.

MADELON.

Ah! te voilà, brigand!... Te n'es donc pas arrêté! Te n'es donc pas encore aux galères?

GUIGNOL.

Doucement, Madelon, j'ai pas tort... Je te conterai tout.

MADELON.

Je t'écoute plus... Y a trop longtemps que j'endure.

CHALUMEAU.

Madame Guignol, apaisez-vous... Je suis témoin que la conduite de votre mari a été cette nuit exemplaire... Je viens de l'inviter à déjeuner. Faites-moi le plaisir d'accepter aussi mon invitation.

MADELON.

A déjeuner!... Certainement, Moffieu... vous êtes trop honnête!... J'accepte...

TOUS.

Bravo! bravo! à table!

Mme SERINGUET, à la fenêtre.

Eh bien! & moi! eſt-ce qu'on va me laiſſer là toute la ſemaine?

GUIGNOL.

Belle maman... vous faites pas de mauvais ſang... Nous allons déjeuner... Ayez ſoin du mioche... nous rentrerons de bonne heure...

Mme SERINGUET, de même.

Madelon, tu vas avec ces vauriens!

MADELON.

La femme eſt obligée de ſuivre ſon mari, partout ouſqu'il la mène... c'eſt dans le code...

Mme SERINGUET.

Mais, emmenez-moi au moins.

GUIGNOL.

Je peux pas vous ouvrir; j'ai perdu la loquetière.

Mme SERINGUET.

Mais c'eſt un ſcandale, une horreur!

TOUS.

Adieu, Madame Seringuet.

GUIGNOL.

Belle maman, nous vous apporterons du deſſert.

Ils chantent tous :

Flon, flon, flon ;
Vidons nos bouteilles.
Flon, flon, flon ;
Vidons nos flacons.

GUIGNOL, au public.

Air :

J' crois que j' ferai bien de changer de toilette ;
De m' ſavonner j' ſens auſſi le beſoin ;
Et les parfums d'un' ſuav' caſſolette
Ne ſeraient pas d' trop ſur mon pourpoint.
Mais j' veux vous l' dire, Meſſieurs, en confidence
Le ſuccès s'rait mon meilleur dégraiſſeur.
Le ſuccès ſeul a, dit-on, la puiſſance
De tout remettre en bonne odeur.

FIN DE MA PORTE D'ALLÉE (1).

---

(1) Un peu plus récente que la plupart des pièces de ce volume, *Ma Porte d'allée*, ſuivant la tradition du théâtre de Guignol, daterait des dernières années de la Reſtauration & ſerait l'œuvre de la collaboration d'artiſtes & de fonctionnaires de cette époque.

LES
SOUTERRAINS DU VIEUX CHATEAU

PIÈCE EN TROIS ACTES

PERSONNAGES.

LE COMTE DE BEAUFORT.
ESTELLE, sa fille.
VICTOR DE SIRVAL.
GUIGNOL, domestique de Victor.
LE CHEVALIER DE FOLLEMBUCHE.
LE BARON DE BLUMENSTEIN.
BRAS DE FER, } faux monnayeurs.
SACRIPANT,
GUERPILLON, } paysans.
BENEYTON,
UN CRIEUR PUBLIC, dans la coulisse.
PAYSANS.

LES SOUTERRAINS
DU VIEUX CHATEAU

PIÉCE EN TROIS ACTES

ACTE I.

Une place de village. — Sur l'un des côtés, l'entrée d'un château.

SCÈNE PREMIÈRE.

Au lever du rideau, on entend dans la coulisse un roulement de tambour, puis la voix d'un CRIEUR PUBLIC.

ON vous fait à savoir que Haut & puissant seigneur Monseigneur le Comte de Beaufort, Rochefort, Montfort, Longepierre, Combenoire & autres lieux, assure une somme de cent mille livres & la main de sa fille, Mademoiselle Estelle-Alexandrine-Hermengarde-Léopoldine-Raphaele de Beaufort, au brave qui confentira à paffer une nuit entière dans les fouterrains du vieux château, & qui fera à Monfeigneur le récit fidèle de ce qu'il y aura obfervé.... Allons, il ne s'agit pas ici d'avoir du bec, mais du cœur & du poignet. Allez-y donc! Tout eft bon!

Roulement de tambour dont le bruit va en s'éloignant.

SCÈNE II.

LE COMTE, ESTELLE.

ESTELLE.

Mon père, avez-vous bien affez réfléchi à ce que je viens d'entendre?... Vous, fi bon, fi prudent!...

LE COMTE.

Je veux abfolument, ma chère Eftelle, éclaircir le myftère de ces fouterrains. Depuis que mon bifaïeul a abandonné le vieux château pour venir habiter celui-ci, une vague terreur s'eft répandue dans le pays... Il n'eft forte de contes qu'on ne débite... Il faut que cela finiffe.

ESTELLE.

Vous allez, par l'appât des récompenfes, conduire de braves gens dans ces fouterrains, d'où ils ne reviendront pas.

LE COMTE.

Il ne s'y paffe rien de merveilleux, je te l'affure. La

peur a fait toute leur renommée, & il suffira du courage d'un seul pour rendre la sécurité à toute la contrée.

ESTELLE.

Mon père, souvenez-vous de Pierre & de François.

LE COMTE.

Pierre & François étaient deux mauvais sujets qui avaient de bonnes raisons pour quitter ce pays & qui ont été bien aises de laisser croire qu'ils avaient trouvé la mort dans ces souterrains.

ESTELLE.

Mais vos promesses... la main de votre fille!...

LE COMTE.

Oui, voilà ce qui t'inquiète & avec justice... Mais sois sans crainte, mon enfant; je ne te contraindrai jamais. J'ai promis ta main, afin de montrer quel prix j'attache à cette découverte... mais si celui qui réussira n'était pas digne de toi, je lui donnerais assez d'or pour qu'il renonçât à t'épouser contre ton gré.

ESTELLE.

Vous me rassurez, mon bon père... Mais je souhaite fort que personne ne s'expose à d'aussi redoutables dangers.

LE COMTE.

J'ai l'espoir, au contraire, que les prétendants seront

nombreux... C'est un service que je veux rendre aux habitants de mes domaines... Viens, mon enfant; rentrons... & ne crains rien. (*Ils sortent.*)

SCÈNE III.

LE CHEVALIER DE FOLLEMBUCHE, seul. — Il bredouille.

La fortune me sourit encore une fois... La traîtresse a bien souvent déjà fait briller à mes yeux ses illusions... & je n'ai réussi qu'à me ruiner... Ah! je suis à sec; je suis tout à fait à sec... Mais la publication que je viens d'entendre m'a rendu toute mon ardeur & mes espérances... Je ne tiens pas à la main de la belle Estelle... c'est aux cent mille livres que je tiens... Une nuit dans un souterrain est bientôt passée, & je raconterai au Comte tout ce qui me viendra à l'esprit... Avec ses cent mille livres, je jouerai encore une fois & je gagnerai mon million... Allons! Gaston de Follembuche! ton étoile brille aujourd'hui!... (*Il sonne au château.*) Voici le Comte. (*Il salue.*) Monsieur le Comte!

SCÈNE IV.

LE CHEVALIER, LE COMTE.

LE COMTE, saluant.

Monsieur de Follembuche!

LE CHEVALIER.

Monsieur le Comte, j'ai entendu la publication que

vous avez fait faire ce matin. Je veux tenter l'aventure, & je viens vous demander de me donner les moyens de pénétrer dans le vieux château.

LE COMTE, hésitant.

Chevalier, je dois avant tout vous prévenir qu'il court de fort mauvais bruits sur ces souterrains.

LE CHEVALIER.

Je crois deviner, Monsieur le Comte, ce qui vous inquiète le plus. J'ai assez mauvaise renommée dans le pays, & vous craignez que je réussisse. Rassurez-vous, ce n'est pas à la main de Mademoiselle Estelle que j'aspire; je n'en veux qu'aux cent mille livres.

LE COMTE.

Nonobstant... réfléchissez avant de vous jeter dans cette entreprise.

LE CHEVALIER.

Oh! je n'ai guère l'habitude de réfléchir... mais je suis persuadé que les bruits qui courent ne reposent sur rien de sérieux. L'imagination de nos paysans en a fait tous les frais.

LE COMTE.

Puisqu'il en est ainsi, Chevalier, veuillez m'attendre ici; je reviens à l'instant. (*Il sort.*)

LE CHEVALIER, seul.

Tout marche au gré de mes désirs.

LE COMTE, revenant, & lui donnant un billet.

Ce mot au concierge du vieux château. Il vous recevra & vous montrera l'entrée des souterrains. Bonne chance, Chevalier; & au revoir!... (*Il sort.*)

LE CHEVALIER.

Merci, Monsieur le Comte! à demain! (*Seul.*) Bravo, Gaston! du courage! vole à l'assaut de la fortune. (*Il sort.*)

SCÈNE V.

LE BARON DE BLUMENSTEIN, seul. — Vieux, accent allemand.

Quel ponheur inesbéré! mon gœur prûle dipuis plus de teux ans pour la fille du Comte de Beaufort, & che n'osais bas temanter sa main... Auchourt'hui je beux la gonquérir bar in acte de saleur... Estelle! atorable Estelle! Ti tevientras mon femme. Qu'est-ce qu'ine nuit bassée tans ces souterrains pour in bareil ponheur? Che ne grois pas un mot de tout ce qu'on raborte. T'ailleurs, che suis couracheux; che tois l'être; ch'ai eu in oncle qui a été Feld-maréchal. Che suis engore cheune... cinquante-neuf ans; choli garçon; ch'ai ine sortine assez ronde. Quand che serai gouronné par la fictoire, che ne buis manquer de blaire à la pelle Estelle. Allons! heureux Friedrich de Blümenstein, brésente-toi. (*Il sonne.*) Le Comte! (*Il salue.*) Monsir le Comte!

SCÈNE VI.

LE BARON, LE COMTE.

LE COMTE, saluant.

Ah!... Monsieur le Baron de Blümenstein, que puis-je pour vous servir?

LE BARON.

Mon gourache s'est enflammé ce matin, en entendant la buplication qui s'est faite bar fos ortres. Che veux basser la nuit tans les souterrains du fieux château.

LE COMTE.

Avez-vous bien réfléchi à cela, Baron? Si l'on en croit les bruits qui circulent, il y a de grands dangers à courir. D'autre part, ces souterrains sont fort malsains... & à votre âge...

LE BARON.

Mais, Monsir le Comte, che suis cheune engore; che suis prave; ch'ai eu in oncle Feld-maréchal & che n'ai bas d'infirmités. (*Il tousse.*) Quant aux pruits que la beur a brobagés, le mieux est de s'en assirer bar soi-même. Ce ne sont pas les cent mille lifres qui m'attirent. Che suis ébertiment amoureux de fotre atorable fille, & c'est elle que che feux gonguérir par ma prafoure.

LE COMTE.

Vous m'honorez beaucoup, Monsieur le Baron. Je

n'ai plus aucune objection; j'ai promis. Je suis à vous dans un inſtant. (*Il entre au château.*)

LE BARON, ſeul.

La charmante Eſtelle ſera paronne de Blümenſtein.

LE COMTE, revenant.

Ce billet au concierge du vieux château, & toutes les entrées vous feront montrées. Au revoir, Baron! (*Il ſalue & rentre au château.*)

LE BARON.

A temain, Monſir le Comte. (*Seul.*) Friedrich, brends ton gœur de lion, & ſa mériter celle que ti atores. (*Il ſort.*)

SCÈNE VII.

VICTOR DE SIRVAL, GUIGNOL.

VICTOR.

Hé bien, Guignol, te plaira-t-il d'avancer? Quelle patience j'ai avec toi!... Arriveras-tu enfin?

GUIGNOL, entrant après ſon maître.

Oh! je viens bien... Je peux pas aller plus doucement.

VICTOR.

Je m'en aperçois... Viens, car ma patience eſt à bout.

GUIGNOL.

Merci ! fi vous croyez qu'on va fe preffer pour marcher à la définition de fes jours !

VICTOR.

Poltron ! De quoi as-tu peur ?

GUIGNOL.

Moi, borgeois ! j'ai peur que du danger. Je crains rien autre chofe (1)... Voyons, petit maître, écoutez votre pauvre Guignol ; y allez pas.

VICTOR.

Monfieur Guignol, faites-moi grâce de vos obfervations. Suivez-moi, ou reftez, comme vous l'entendrez... mais taifez-vous.

GUIGNOL.

Je dis plus rien... mais laiffez-moi parler un petit peu. Quelle idée avez-vous donc de vouloir aller coucher dans ces fouterrains qu'on dit tout pleins de bringands, de fantômes & de bêtes fauvages, qui croquent les particuliers, comme des petites fauciffes ? Faut ben avoir perdu la cocarde, pour avoir des idées comme ça.

VICTOR.

Tu crois à toutes les fottifes que tu entends débiter.

---

(1) Guignol s'eft fouvenu ici d'une farce du XVe fiècle qu'on a fouvent, mais fans motifs fuffifants, attribuée à Villon, la *Farce du franc archier de* *Baignolet* :

Je ne craignoye que les dangiers,
Moy, je n'avoye paour d'aultre chofe.

GUIGNOL.

N'y allons pas ! Je fuis fûr qu'il nous arrivera quéque malheur. J'ai fait un mauvais rêve cette nuit ; j'ai rêvé des iragnes (1). Toutes les fois que je vois en dormant de ces grandes pattes, je peux compter qu'y va me dégringoler quéque caftatrophe fur le cotivet (2).

VICTOR.

Et moi auffi j'ai fait un fonge, un fonge bien doux. J'ai vu ma mère, à qui tu as juré de ne jamais me quitter, de me fuivre partout fur terre & fur mer.

GUIGNOL.

Sur terre, oui ; mais pas deffous.

VICTOR.

Ecoute, Guignol, tu es pour moi comme un ami ; je veux bien te faire une confidence. Si je tiens tant à pénétrer dans ces fouterrains, c'eft que j'ai eu l'occafion de voir plufieurs fois, dans le falon d'une de fes tantes, Mademoifelle de Beaufort, & l'époufer ferait pour moi le plus grand des bonheurs. Je n'ofais la demander à fon père, parce que je fuis fans fortune. Auffi, juge de ma joie, de mes tranfports, lorfque j'ai entendu ce matin cette publication qui me permet de faire preuve de mon courage & d'obtenir la main de celle que j'aime.

---

(1) *Iragne ;* araignée.   (2) *Le cotivet ;* la nuque.

GUIGNOL.

Mais, borgeois, vous êtes jeune, joli garçon... y a pas besoin de tant de farimonies. On va trouver le p'pa ; on lui dit : « Pauvre vieux, j'aime votre fille ; me v'là ! demandez-lui fi je lui conviens. Si elle veut bien, donnez-moi-la en mariage, & donnez-nous aussi la corbeille en y mettant pas mal d'escalins dedans, parce que je suis chargé d'argent, comme un crapaud de plumes. » S'il est pas enchanté de cette bonne franquette, c'est rien qu'un vieux grigou dont je veux pas pour mon beau-père.

VICTOR.

Mon pauvre Guignol, les choses ne se passent pas ainsi. Si je lui parlais de cette façon, le Comte me mettrait à la porte.

GUIGNOL.

Hé bien, on revient tous les jours figroler (1) sa sonnette, jusqu'à ce qu'il ait dit oui.

VICTOR.

Allons, je suis bien sot de te parler de cela. Est-ce que tu comprends rien aux choses de sentiment, aux grandes passions ?

GUIGNOL.

Oh ! que si, M'fieu Victor ! j'ai dû me marier une fois... c'était avec une tailleuse de Vaise. Notre mariage

(1) *Sigroler ;* agiter.

était déjà bien avancé... & je l'avais jamais vue qu'affife. Le jour du contrat, nous allons chez le notaire... je lui donne le bras naturellement... Voilà que le long du chemin je fens que mon bras était figogné, figogné (1). (*Il fait le mouvement d'une perfonne qui boite fortement.*) Ma future était toute bancane (2). J'ai dit : Nous ne pourrons jamais marcher enfemble comme ça, & j'ai tout envoyé promener.

VICTOR.

Oh! trêve à tes hiftoires, je t'en prie. Pour la dernière fois, je fuis déterminé à tenter l'aventure à laquelle me convie la publication du Comte... Si tu ne veux pas me fuivre, refte. Je te relève des promeffes que tu as faites à ma mère.

GUIGNOL.

Mais, M'fieu Victor, je veux pas vous quitter.

VICTOR.

N'ai-je pas toujours été pour toi un bon maître?

GUIGNOL.

Oh oui!... un peu vif cependant... Par-ci, par-là quéques calottes... quéques coups de pied là où je m'affis...

VICTOR.

Le cœur n'y était pour rien.

---

(1) *Sigogner;* tirer en fens divers.   bes torfes.
(2) *Buncane;* bancal, qui a les jam-

GUIGNOL.

Mais le pied pour beaucoup... Point de gages.

VICTOR.

Tes gages.... Sois tranquille, ils courent toujours.

GUIGNOL.

Ils courent si bien que je peux jamais les rattraper... Ça ne fait rien ; je veux pas vous quitter... Mais n'allez pas dans ces cavernes de brigands.

VICTOR.

Tais-toi, voici Monsieur le Comte de Beaufort. (*Il salue.*)

SCÈNE VIII.
LES MÊMES, LE COMTE.

LE COMTE, saluant.

Monsieur de Sirval ! (*A part.*) En voilà un qui est jeune & qui paraît brave. Vient-il aussi pour le vieux château ?

VICTOR.

Monsieur le Comte, je désire avoir l'honneur de vous entretenir.

LE COMTE.

Je suis tout à vous. Est-ce au sujet de ma publication de ce matin ?

VICTOR.

Précisément ; je venais...

GUIGNOL, bas au Comte.

L'écoutez pas, M'sieu... C'est mon maître... sa tête a déménagé... Il sort de l'Antiquaille ; je suis chargé de le remonter là-haut en fiacre... Il est bien malade, allez !

VICTOR.

Je vous prie de vouloir bien me donner le moyen de pénétrer dans les souterrains.

GUIGNOL, bas au Comte.

Il a un grillon dans sa boussole.

VICTOR.

Te tairas-tu, drôle ?

LE COMTE.

Qu'est-ce que tout cela signifie ?

VICTOR.

Je n'entends pas bien ce que vous dit mon domestique, mais je le soupçonne. Ne faites aucun compte, je vous en prie, des sottises qu'il débite. C'est un brave garçon qui m'est dévoué ; mais il a peur pour lui & pour moi.

LE COMTE.

On ne doit pas lui en savoir mauvais gré.

VICTOR.

Je suis résolu, malgré tous ses dires, à passer la nuit prochaine dans les souterrains du vieux château.

LE COMTE.

Vous êtes jeune, Monsieur de Sirval. Vous savez tout ce qu'on raconte. Je serais désolé qu'il vous arrivât malheur.

GUIGNOL.

Bien sûr il nous arrivera quéque chose de pas drôle.

VICTOR.

Ma détermination est bien arrêtée. Vous avez, Monsieur le Comte, mis à cette entreprise un prix qui donnerait de la force aux plus faibles.

LE COMTE.

Puisqu'il en est ainsi, je vais vous donner un mot pour mon concierge.

GUIGNOL.

Est-il ostiné à son mauvais sort!... Y faut donc aller se faire petafiner (1) là-dedans!... (*Au Comte.*) Dites donc, M'sieu le Comte, puisque mon maître veut absolument y aller, j'y vais avec lui... Mais j'ai absolument que mes deux poings pour me bûcher (2) avec les brin-

---

(1) *Petafiner;* détruire, mettre à mal.   (2) *Se bûcher;* se battre.

gands que nous vons y trouver... Pourriez-vous pas me prêter des piſtolets ou une trique? Et puis, je voudrais pas mourir le ventre vide... Si vous pouviez, s'y vous plaît, me faire donner quéques munitions de bouche...

VICTOR.

Pardonnez-lui, monſieur le Comte; il eſt d'une indiſcrétion...

LE COMTE.

Laiſſez, laiſſez; il a raiſon. On ne ſaurait trop ſe prémunir contre le danger. Suivez-moi, mon ami : je vais vous faire équiper ſuivant votre déſir. (*Il ſort.*)

SCÈNE IX.
VICTOR, GUIGNOL.

VICTOR, menaçant Guignol.

Tu ne pourras donc jamais retenir ta langue?

GUIGNOL, tendant le dos.

Tapez, tapez, not' maître, tant que vous voudrez... Si je pouvais en être quitte pour quéques taloches, d'ici à demain!

VICTOR.

Tu me ſuis dans les ſouterrains... Je te pardonne toutes tes ſottiſes, à cauſe de ton dévouement.

GUIGNOL.

C'eſt parce que je vous n'aime, borgeois ; & que je vous ai vu tout petit... Mais nous allons paſſer là-bas un fichu quart-d'heure... Ah ! j'aimerais mieux mourir tout de ſuite... Je vas chercher les proviſions. (*Il ſort.*)

SCÈNE X.

VICTOR, LE COMTE.

LE COMTE.

Ce billet à mon concierge ſuffira. A demain, Monſieur de Sirval ! Je l'eſpère & je le ſouhaite de tout mon cœur.

VICTOR.

Vous êtes bien bon, Monſieur le Comte. A demain !

LE COMTE.

Monſieur de Sirval, que Dieu vous protége ! Au revoir ! (*Il ſort.*)

SCÈNE XI.

VICTOR, GUIGNOL.

Il a un ſabre, des piſtolets, une lanterne & une fourche à laquelle ſont ſuſpendus une marmite & des légumes.

GUIGNOL.

Partons, me v'là prêt.

VICTOR.

En te voyant ainſi équipé & armé de pied en cap, l'ennemi ne pourra tenir devant toi.

GUIGNOL.

Je penſe bien. Auſſi, j'ai pris de quoi me faire une goutte de bullion.

ACTE II.

Les Souterrains.—Nuit.

SCÈNE PREMIÈRE.
BRAS-DE-FER, SACRIPANT.

BRAS-DE-FER.

Je fuis inquiet... Cette fatanée publication du vieux feigneur va nous amener, j'en fuis fûr, un tas de flâneurs cette nuit... Il promet cent mille livres, c'eft une fomme... & fa fille eft jolie... Tous les prétendants vont venir nous ennuyer...

SACRIPANT.

Et nous fommes feuls!... C'eft jour de foire au village voifin. La troupe eft dehors pour écouler la fauffe monnaie. Que faire, Bras-de-Fer?

BRAS-DE-FER.

Que veux-tu, Sacripant? Nous emploierons nos rufes de guerre habituelles... En avant les fantômes & les feux du Bengale!... Et puis, fi ça ne fuffit pas, il faudra bien avoir recours aux grands moyens... C'eft ennuyeux; mais tant pis pour les entêtés qui l'auront voulu!... Allons! à notre pofte! Toi, de ce côté; moi, de celui-ci. (*Ils fortent.*)

SCÈNE II.

LE CHEVALIER DE FOLLEMBUCHE, puis LES FAUX MONNAYEURS.

LE CHEVALIER ; il tremble.

Il fait noir & humide dans cette caverne... Je me sens mal à l'aise... Cent mille livres valent bien une mauvaise nuit... mais j'ai failli me casser le cou en descendant... & je commence à n'avoir plus autant d'entrain que ce matin... Pourfuivons. (*Feu à droite.*) Ah! (*Il recule. — Feu à gauche.*) Au secours! au secours!

Tapage. — Cloche. — Les deux faux monnayeurs arrivent couverts de draps blancs en manière de fantômes & pouffent des gémiffements. — Le Chevalier s'enfuit en criant :

Au secours ! Je suis perdu.

Les faux monnayeurs s'éloignent en riant.

SCÈNE III.

LE BARON DE BLUMENSTEIN, puis LES FAUX MONNAYEURS.

LE BARON entre en chantant d'une voix un peu émue le chœur des chaffeurs de *Robin des bois*.

Chifqu'à bréfent che n'ai rien fu de pien eftraortinaire tans ces fouterrains. Ils ont même in garagtère fantaftique qui m'enchante... mais ils font in peu himides. (*Il éternue.*) Che fais boufoir rêfer à ma fiancée. (*Il éternue*). Quelle fera ma choie temain, quand che pourrai lui tonner la preuve de ma prafoure! (*Il éternue.*) Cette himidité amollit mon courache. (*Feu à droite.*) Pefte! qu'eft-ce que c'eft que ça?... Che fuis prave; ch'ai eu un oncle feld-maréchal. (*Feu à gauche.*) Ah! che foudrais bien retroufer l'entrée.

Même jeu qu'à la fcène précédente. — Le Baron s'enfuit en criant :

Au fegours! au fegours!

BRAS-DE-FER, riant.

Comme il court, le pauvre grifon! Si tous font auffi folides que ces deux-là, nous en ferons bientôt délivrés. (*Les bandits fortent.*)

SCÈNE IV.

VICTOR, GUIGNOL.

VICTOR.

Allons, mon garçon, un peu de courage!

GUIGNOL.

J'en ai ben trop de courage, borgeois. Si j'en avais pas tant, je ferais pas ici; je ferais dans mon lit à dormir... & j'aurais pas tant peur... Laiffez-moi me débarraffer de tout ce bataclan.

VICTOR.

Tu vois bien, poltron, que nous n'avons rencontré perfonne.

GUIGNOL.

C'est vrai ; mais nous sommes pas encore à demain matin... Et puis, avez-vous pas vu ces grandes chaudières, ces marteaux gros comme ma tête, ces fours, ces enclumes ?... Ah ! borgeois ! ils vont nous faire rôtir... & moi, on va me mettre en daube... avec une paſtonnade (1).

VICTOR, qui a tout examiné autour de lui.

Tiens, regarde !

GUIGNOL, effrayé.

Hein ! qu'eſt-ce que c'eſt ?.. Notre dernier quart-d'heure eſt arrivé ?

VICTOR.

Non... je te fais voir dans ce couloir un banc de pierre ſur lequel nous pouvons nous repoſer. Je vais y prendre place & ſonger à celle que j'aime.

GUIGNOL.

Vous voulez dormir ?

VICTOR.

Sans doute... Si tu veux faire comme moi...

GUIGNOL.

Non, non, j'aime mieux mourir les yeux ouverts.

(1) *Paſtonnade ;* carotte, racine jaune.

VICTOR.

Prends ta lanterne, & examinons d'abord le couloir... Passe devant.

GUIGNOL.

Oh! borgeois, pardon!... je fais trop mon devoir... Le domestique marche pas devant le maître.

VICTOR.

Tu as raison. C'est à moi de marcher le premier au danger. Allons!

GUIGNOL.

Allons!... Ah! ah! (*Il suit son maître en tremblant, tourne sur lui-même & entre enfin avec Victor dans le couloir.*)

VICTOR, dans la coulisse.

A-t-il peur, ce pauvre Guignol!

GUIGNOL, de même.

Là... Dormez bien, not' maître; mais ne dormez que d'un œil, & jetez l'autre de compassion sur votre pauvre domestique.

VICTOR, de même.

Sois tranquille... au moindre danger, appelle-moi & je serai à l'instant même à tes côtés. (*Il bâille.*) Bonsoir, Guignol! (*Guignol rentre.*)

SCÈNE V.

GUIGNOL, seul.

Le v'là endormi... C'est ben le cas de me faire une goutte de bullion ; je me sens l'estomac creuse... Mais ousque je pendrai ma marmite ? (*On voit descendre un crochet.*) Tiens, v'là une crémaillère. (*Il va chercher sa marmite & l'accroche.*) J'y ai mis de l'eau... Mes légumes à présent ! (*Il les apporte successivement & les met dans la marmite qui parfois remonte, disparait & revient après un instant.*) Ah ben, oui ! & le feu pour faire cuire tout ça !... Comment que je m'en vais en faire ? J'ai point apporté de briquet. (*Une flamme s'élève autour de la marmite.*) Tiens, tiens, qué drôle d'endroit tout de même !... Si on pouvait avoir ça sur la place de la Trinité... feu à volonté... ça serait cannant pour se faire sa cuisine... C'est p't-être ici un terrain tout en allumettes chimiques ; rien qu'en marchant dessus, pst... sans éclat & sans bruit... Pourvu que ma marmite pète pas... elle est solide... Allons, ça cuit tout seul... Brûle, brûle, m'amie ; ça va me faire une soupe chenuse (1). (*Il bâille.*) Mais j'ai les yeux plus gros que les genoux... Si je faisais comme mon maître... si je me berçais, pendant que la soupe cuit... (*Il se couche sur la rampe, en chantonnant :* No, no, l'enfant do. — *On entend des hurlements.* — *Un papillon ou un oiseau de nuit vient chatouiller Guignol ; il le poursuit sans pouvoir l'atteindre.* — *Lorsqu'il se recouche, un serpent*

---

(1) *Chenu, chenuse ;* délicieux.

paraît sur la rampe & s'approche de lui. — Il se réveille.)
Oh! la vilaine bête! atatends! (*Il saisit le serpent après quelques efforts & le plonge dans la marmite.*) Hardi, Denis! dans la marmite, vieux! ça me fera de bullion d'anguille. Si mon maître était là, pour le coup, il ne dirait pas que je suis poltron... Mais la soupe doit être bien avancée... Voyons voir un peu... Ah! nom d'un rat! qu'y a-t-y là dedans? mes carottes ont germé; elles ont des cornes (*Il tire de la marmite un diablotin qu'il porte sur la rampe.*) Ah! ça buge, ça buge... (*Le diablotin le saisit à bras-le-corps.*) Au secours! à moi, maître! (*Bruit. — Un fantôme survient, & avec le diablotin fait danser Guignol.*) Au secours! p'tit maître! à moi! (*Guignol s'échappe & court vers son maître. — Le diablotin & le fantôme s'éloignent. — Guignol & Victor rentrent.*)

SCÈNE VI.

VICTOR, GUIGNOL.

VICTOR.

Qu'as-tu donc à crier ainsi? Je ne vois rien; je n'entends que toi.

GUIGNOL.

Ah! borgeois! est-ce que je suis pas mort? Tâtez-moi donc, s'y vous plaît... Des poreaux & des carottes qui dansent, des serpents à sonnettes, des fantômes... On m'a fait danser un rigodon...

VICTOR.

Pur effet de ton imagination... Tu t'es endormi, & la peur t'a donné le cauchemar.

GUIGNOL.

Sauvons-nous vite... Je leur laiffe ma foupe.

VICTOR.

Vois, nous fommes bien feuls. De quoi as-tu peur ? Mais, attends !... J'entends des pas. (*Il écoute & regarde dans la couliffe.*) J'entrevois deux hommes dans l'ombre... Ils fe dirigent de ce côté... Viens; retirons-nous dans le couloir... nous apprendrons peut-être quelque chofe. (*Ils fortent.*)

SCÈNE VII.

BRAS-DE-FER, SACRIPANT.

BRAS-DE-FER.

Où font-ils ?... Eft-ce que nous ne pourrons pas nous débarraffer de ces deux obftinés ? Le domeftique eft en déroute; mais le maître rôde encore par là... Ah! s'ils ne partent pas bientôt !...

SACRIPANT.

Et les camarades qui ne font pas encore de retour !... Nous ne fommes toujours que deux.

BRAS-DE-FER.

Leur monnaie doit être toute écoulée à la foire... Ils se sont attardés dans les cabarets & nous laissent dans la peine.

SACRIPANT.

Assez comme ça des bagatelles de la porte... Nous sommes en danger... Il faut recourir aux grands moyens.

BRAS-DE-FER.

Je me charge du jeune homme... il est maigrelet.

SACRIPANT.

Et moi du camard... Ah! il a voulu voir & entendre ce qui se passe ici... Mon sabre lui allongera les oreilles & mon pistolet lui enverra de la poudre aux yeux, pour lui éclaircir la vue. (*Ils s'éloignent.*)

SCÈNE VIII.

VICTOR, GUIGNOL.

VICTOR.

Je comprends tout maintenant... ces faux monnayeurs avaient là un refuge commode pour leurs méfaits... & ils répandaient eux-mêmes, dans le pays, ces bruits de revenants, de fantômes, qui effrayaient les habitants.

GUIGNOL, tremblant.

Avez-vous entendu, borgeois? Il veut m'éclaircir la vue avec son pistolet.

VICTOR.

Mais tu l'as bien entendu auſſi... ils ne ſont que deux. Sois donc brave une fois en ta vie... La partie eſt égale. Qu'eſt-ce que cela pour des hommes de cœur?

GUIGNOL.

C'eſt vrai; ils ne ſont que deux... Ah! ils ne ſont que deux! Ça commence à viendre, borgeois... Ah! ils ne ſont que deux! Bringands, coquins, ſcélérats! Faire de la monnaie en argent qui n'eſt pas bonne!... Un gone (1) comme moi, un gone de la Croix Rouſſe n'a pas peur de grands pillereaux comme vous... Ah! ils ne ſont que deux!... Y ne faut pas croire qu'avec vos grandes muſtaches & vos bonnets à poil, vous me donnerez la colique... J'ai pas beſoin qu'on m'éclairciſſe la vue; entends-tu, capon?... Ah! ils ne ſont que deux! De qué côté ſont-ils, petit maître?

VICTOR.

De celui-ci.

GUIGNOL.

Hé ben! allons de çui-là... pour prendre nos armes.

VICTOR.

Je t'abandonne, ſi tu trembles encore.

GUIGNOL.

Non, non; je vous ſuis, p'tit maître... je m'attache à vos pas. (*Ils ſortent.*)

(1) *Gone;* garçon, fils. — V. *les Couverts volés*, t. I, p. 20.

SCÈNE IX.

(On entend des coups de feu & le choc des armes blanches. — Un bandit vient tomber mort fur la rampe. — GUIGNOL entre tenant au bout de fa fourche l'autre bandit qu'il jette auffi fur la rampe. — VICTOR entre après lui.)

GUIGNOL.

Ah! canailles, bringands!... Je te tiens à préfent... Vas-tu m'allonger les oreilles?... Dis-moi donc quéque chofe, gone de malheur!... Il ne buge plus... C'eft moi que je fuis Guignol, ce camard que te difais tout à l'heure que te t'en chargeais... Efpliquons-nous un petit peu... Ah! maître, voyez-vous, à préfent je me fens gonfle de courage... quarante comme ça me feraient pas peur.

VICTOR.

Allons! tu t'es bien conduit... Partons, maintenant; allons au château de Monfieur le Comte.

GUIGNOL.

Au château de Monfieur le Comte! (*Il met fur fon épaule la fourche & le corps du bandit. — Ils fortent.*)

ACTE III.

La place du village.

SCÈNE PREMIÈRE.

GUERPILLON, BENEYTON, AUTRES PAYSANS.

BENEYTON.

Dis donc, Guerpillon; il paraît que Guignol en a tué douze de sa main, sans compter ceux que le maître a définis.

GUERPILLON.

On pouvait ben en avoir peur de ces souterrains, pisqu'y avait une bande.

BENEYTON.

C'est égal; je croyais pas que Guignol aurait eu tant de nerf que ça.

GUERPILLON.

Ça a dû être joli, tout de même... Comme à la guerre! pif! paf!

BENEYTON.

Tiens; voilà tous les jeunes gens du pays. On apporte Guignol en triomphe.

SCÈNE II.

MÊMES, GUIGNOL,
porté en triomphe. — Musique.

TOUS.

Vive Guignol!

GUIGNOL.

Mais oui, z'enfants, c'est comme ça qu'on se muche.

GUERPILLON.

Chignol, combien donc qu'y en avait pour de vrai?

GUIGNOL.

Y en avait des mille & des mille... Te ferais mort de peur, toi, Beneyton, & toi aussi, Guerpillon, si t'avais vu ce combat, tant seulement d'en haut du clocher de Fourvières... Mon maître en avait ben huit cents pour sa part... Tous les autres étaient après moi & voulaient pas me lâcher... Ah! j'aurais mieux aimé avoir à traverser le Rhône à la nage au-dessus de Saint-Clair... Y en avait un grand qui avait plus de sept pieds. Je l'ai terrassé quatre fois; il se relevait toujours... C'est là que nous avons appris qu'ils volaient le monde, qu'ils fabricassaient la monnaie fausse & qu'ils s'habillaient en fantômes, en bêtes, en serpents, pour vous faire peur... Et vous croyiez tout ça, vous autres!... Moi, je me suis pas laissé boucher l'œil... Pif! paf! pouf! on n'a entendu que ça toute la nuit... Le combat a été des plus ospiniatres.... Enfin, nous leur z'avons fait à tous mordre la poussière... Nous leur z'avons enlevé tous leurs canons...

BENEYTON.

Ils avaient des canons!

GUIGNOL.

Leurs canons de fusil & de pistolet... Et nous sommes sortis triomphants de ces épouvantables souterrains... Grâce à nous deux, à notre courage, à notre énergie, à notre sang-froid, le pays est à jamais délivré de ces infâmes malfacteurs... Voilà! voilà! voilà!

TOUS.

Vive Guignol! vive Guignol!

SCÈNE III.
LES MÊMES, LE COMTE, ESTELLE.

LE COMTE.

Mes enfants, la tranquillité est rendue au pays, grâce aux deux héros de cette nuit. On vient d'arrêter à l'instant même le reste de la troupe des faux monnayeurs, & tous subiront la juste peine de leurs forfaits.

SCÈNE IV.
LES MÊMES, VICTOR.

LES PAYSANS.

Vive monsieur Victor!

LE COMTE.

Venez, monsieur de Sirval, recevoir les félicitations de ces braves gens & les compliments qu'ils vont vous adresser pour votre mariage. La main de ma fille est à vous.

VICTOR.

Je ne veux l'accepter que du plein gré de Mademoiselle.

ESTELLE.

J'obéis très-volontiers à mon père, Monsieur.

VICTOR.

Mademoiselle, je suis le plus heureux des hommes.

LE COMTE.

Allons ; c'est fête aujourd'hui au château & au village. (*A Guignol.*) Quant à toi, mon brave, qui as eu une si belle conduite...

GUIGNOL.

Ah! M'sieu le Comte, une semblable affaire n'est que de la gnognotte pour des hommes de cœur.

LE COMTE.

Voilà une bourse pour t'amuser avec tes amis.

ESTELLE.

Il ne nous quittera plus, n'est-ce pas, Monsieur de Sirval, puisqu'il vous a suivi dans le danger?

VICTOR.

Certainement... Mais aujourd'hui, Guignol, tu as congé pour te repofer de tes fatigues.

LE COMTE.

Mes enfants, venez tous au château... On vous donnera à boire... & Guignol vous racontera fes exploits.

LES PAYSANS.

Vive Monfieur le Comte! vive Monfieur Victor! vive Guignol!

GUIGNOL, au public.

COUPLET.

Air : *Au temps heureux de la chevalerie.*

Hier encore, poltron comme un lièvre,
Je reffautais toujours au moindre bruit ;
Un' larmife me donnait la fièvre ;
Mais y a z'un fier changement aujourd'hui.
Faites l'épreuv', Meffieurs, de mon courage ;
Battez des mains, riez de tout vot' cœur,
Applaudiffez, criez, faites tapage !
Je vous réponds que je n'aurai pas peur.

FIN DES SOUTERRAINS DU VIEUX CHATEAU (1).

---

(1) Après les *Frères Coq*, il n'y a pas au répertoire Guignol de pièce plus fûrement attribuée à Mourguet grand-père que *les Souterrains du vieux château*. Plufieurs amateurs fe rappellent encore le lui avoir vu jouer à Lyon; elle porte nettement l'empreinte de fon temps & de fa manière. Il eft manifefte, toutefois, que depuis lui elle a été fort modifiée, & Vuillerme réclame une large part dans la rédaction actuelle.

TABLE

	Pages.
LE TESTAMENT, pièce en un acte	3
LE MARCHAND D'AIGUILLES, pièce en deux actes	45
LES VOLEURS VOLÉS, pièce en un acte	93
TU CHANTERAS, TU NE CHANTERAS PAS, pochade en un acte	129
L'ENROLEMENT, pièce en un acte	149
LA RACINE MERVEILLEUSE, pièce en un acte	177
LE CHATEAU MYSTÉRIEUX, pièce en deux actes	203
LES CONSCRITS DE 1809, pièce en un acte	249
MA PORTE D'ALLÉE, pièce en un acte	297
LES SOUTERRAINS DU VIEUX CHATEAU, pièce en trois actes	329

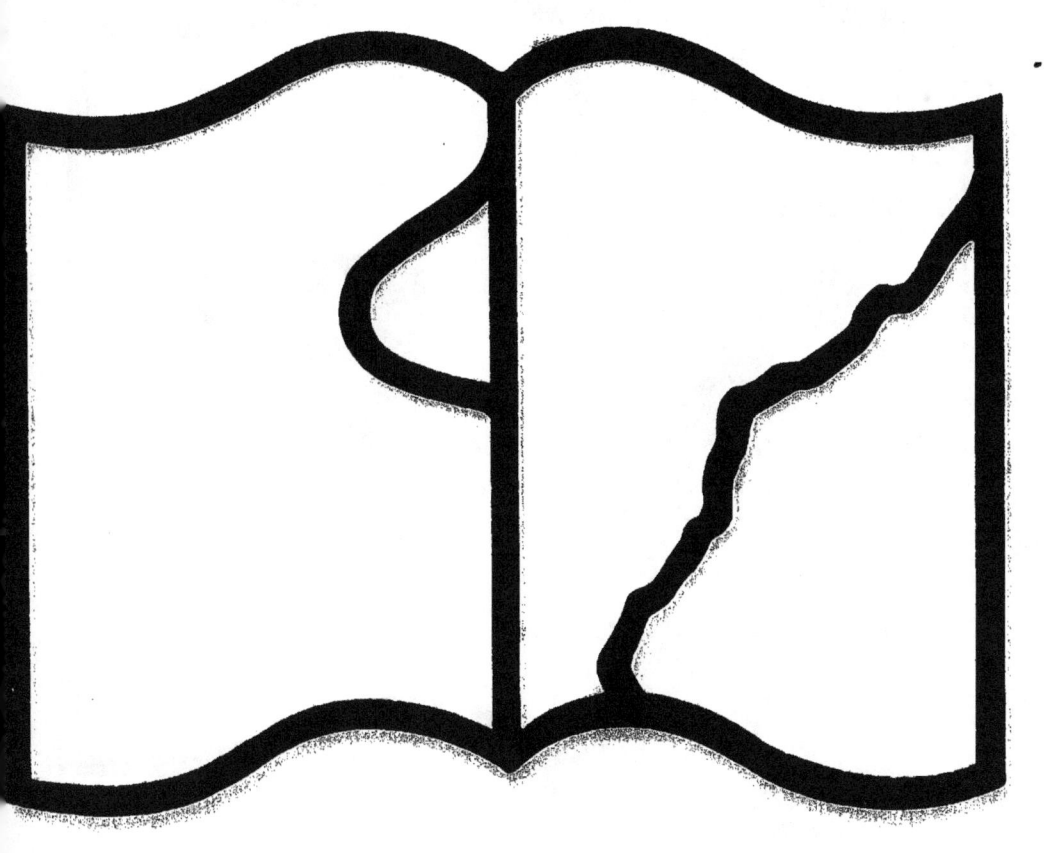

Texte détérioré — reliure défectueuse
NF Z 43-120-11

Contraste insuffisant

NF Z 43-120-14

www.ingramcontent.com/pod-product-compliance
Lightning Source LLC
Chambersburg PA
CBHW050254170426
43202CB00011B/1688